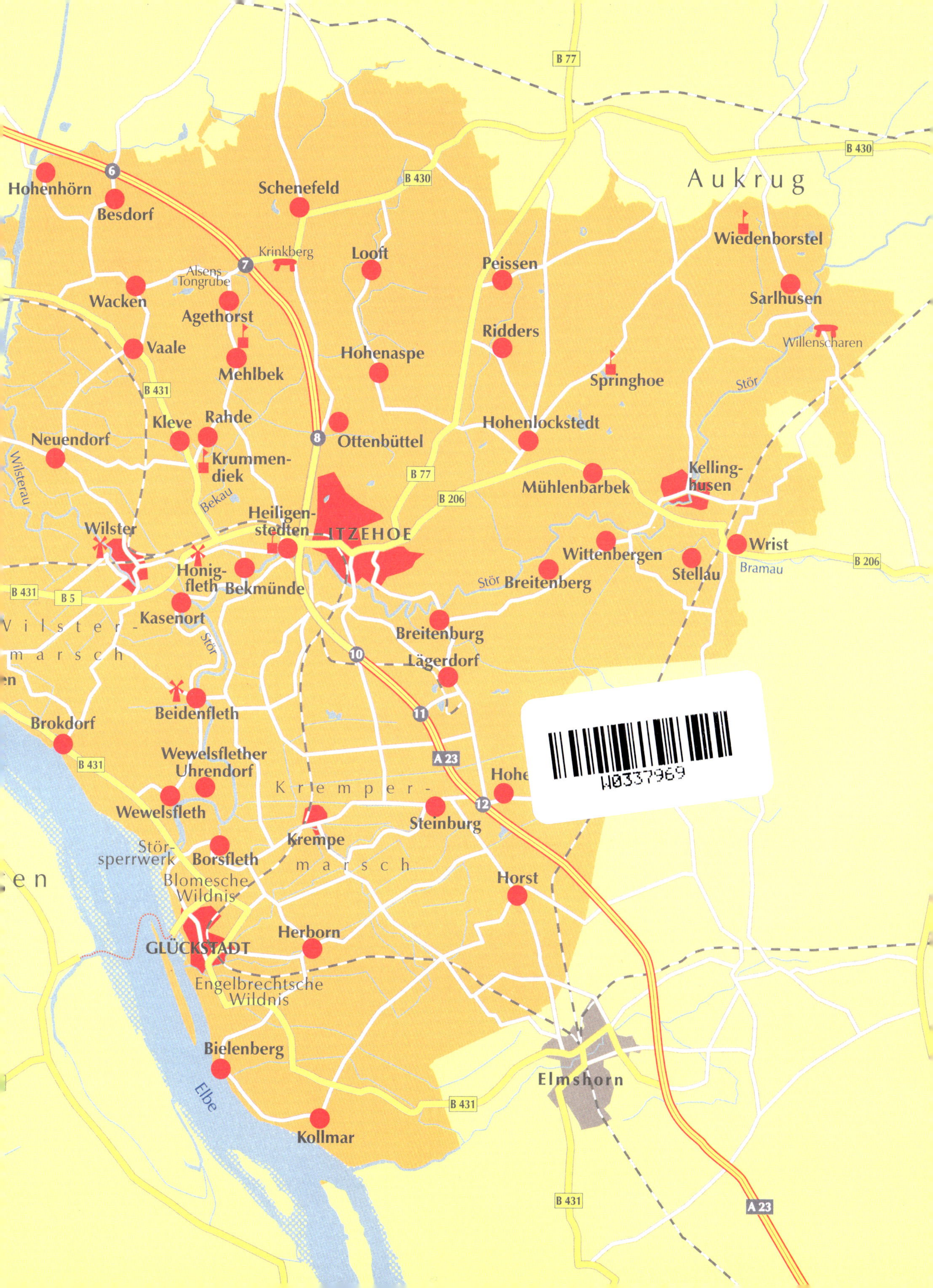

Aukrug
B 77
B 430
B 430
Hohenhörn
Besdorf
Schenefeld
Krinkberg
Alsens Tongrube
Looft
Peissen
Wiedenborstel
Sarlhusen
Willenscharen
Wacken
Agethorst
Vaale
Mehlbek
Hohenaspe
Ridders
Springhoe
Stör
B 431
Kleve
Rahde
Neuendorf
Krummendiek
Ottenbüttel
Hohenlockstedt
Kellinghusen
Mühlenbarbek
Wilsterau
Bekau
B 77
B 206
Wilster
Heiligenstedten
ITZEHOE
Wittenbergen
Wrist
Honigfleth
Bekmünde
Stör
Breitenberg
Stellau
Bramau
B 206
B 431
B 5
Kasenort
Wilstermarsch
Stör
Breitenburg
Lägerdorf
Beidenfleth
Brokdorf
B 431
Wewelsflether Uhrendorf
Kremper-marsch
A 23
Hohe
Wewelsfleth
Steinburg
Stör-sperrwerk
Borsfleth
Krempe
Blomesche Wildnis
Horst
GLÜCKSTADT
Herborn
Engelbrechtsche Wildnis
Bielenberg
Elbe
Elmshorn
B 431
Kollmar
B 431
A 23

Kreis Steinburg

Werner Scharnweber

Kreis Steinburg

Reisebilder

Mit 243 Abbildungen

Edition Temmen

Die Deutsche Bibliothek - CIP-Einheitsaufnahme

Scharnweber, Werner:
Kreis Steinburg : Reisebilder / Werner Scharnweber. -
Bremen : Ed. Temmen, 2002
ISBN 3-86108-905-X

Sofern keine andere Quelle angegeben ist,
stammen alle Aufnahmen von
Werner Scharnweber

Umschlagbild:
Partie im Dorf Steinburg,
Gemeinde Süderau

1. Auflage 2002

Hohenlohestr. 21 – 28209 Bremen
Tel. 0421-34843-0 – Fax 0421-348094
info@edition-temmen.de

Satz und Karte: L.P.G. Bremen
Herstellung: Edition Temmen

ISBN 3-86108-905-X

Inhalt

VORAB

KREUZ UND QUER DURCH DEN KREIS STEINBURG

ANHANG

VORAB

KREIS STEINBURG
KREISPRÄSIDENT UND LANDRAT

Zum Geleit

„Man sieht nur mit dem Herzen gut, das Wesentliche ist für die Augen unsichtbar" erklärt der Fuchs dem kleinen Prinzen in der berühmten Erzählung von Antoine de Saint-Exupéry. Werner Scharnweber hat den Kreis Steinburg mit dem Herzen erkannt. Einfühlsam, heiter und informativ charakterisiert er nicht nur die herausragenden Facetten unseres Kreises, sondern vor allem auch die vielen kleinen Dinge, die das Wesentliche unserer Heimat ausmachen.

Die Farbenpracht und Schönheit unserer abwechslungsreichen Landschaft finden wir in diesem Buch bestätigt, aber auch auf die zahlreichen Wechselbeziehungen zwischen Mensch, Landschaft, Kultur und Wirtschaft macht Werner Scharnweber in Text und Bild aufmerksam.

Beim Betrachten der eindrucksvollen Photos werden auch Steinburgerinnen und Steinburger immer wieder über die kleinen und großen Sehenswürdigkeiten unseres Kreises staunen – hier wird vieles sichtbar gemacht, was uns aufgrund langjähriger guter Gewohnheit oder der „Selbstverständlichkeit" wegen manches Mal verborgen bleibt. Für Fremde wird der Text-Bildband eine unwiderstehliche Anregung sein, unsere Heimat auch persönlich zu erleben oder näher kennenzulernen.

Wenzlaff

Dr. Rocke

Viktoriastraße 16-18 · 25524 Itzehoe · Telefon 048 21 / 692 35

Zum Geleit

»Man sieht nur mit dem Herzen gut, das Wesentliche ist für die Augen unsichtbar«, erklärt der Fuchs dem kleinen Prinzen in der berühmten Erzählung von Antoine de Saint-Exupéry. Werner Scharnweber hat den Kreis Steinburg mit dem Herzen erkannt. Einfühlsam, heiter und informativ charakterisiert er nicht nur die herausragenden Facetten unseres Kreises, sondern vor allem auch die vielen kleinen Dinge, die das Wesentliche unserer Heimat ausmachen.
Die Farbenpracht und Schönheit unserer abwechslungsreichen Landschaft finden wir in diesem Buch bestätigt, aber auch auf die zahlreichen Wechselbeziehungen zwischen Mensch, Landschaft, Kultur und Wirtschaft macht Werner Scharnweber in Text und Bild aufmerksam. Beim Betrachten der eindrucksvollen Photos werden auch Steinburgerinnen und Steinburger immer wieder über die kleinen und großen Sehenswürdigkeiten unseres Kreises staunen – hier wird vieles sichtbar gemacht, was uns aufgrund langjähriger guter Gewohnheit oder der »Selbstverständlichkeit« wegen manches Mal verborgen bleibt. Für Fremde wird der Text-Bildband eine unwiderstehliche Anregung sein, unsere Heimat auch persönlich zu erleben oder näher kennenzulernen.

gez. Wenzlaff
(Kreispräsident)

gez. Dr. Rocke
(Landrat)

Kreispräsident Klaus-Peter Wenzlaff (unten links) und Landrat Dr. Burghard Rocke (unten rechts)

Die Lage, die Grenzen

Steinburg gehört zu den schleswig-holsteinischen Südkreisen. Die Elbe bildet die Südgrenze. Von jenseits des Stromes grüßt Niedersachsen. Die weiteren Steinburger Kreisgrenzen: Im Osten die Kreise Pinneberg und Segeberg. Im Norden der Kreis Rendsburg-Eckernförde. Im Westen Dithmarschen, mit der Trennungslinie Nord-Ostsee-Kanal. Der Zuschnitt des 1056,25 Quadratkilometer großen Kreises ist kompakt und »abgerundet«. Geographisch genau in der Mitte die Kreisstadt Itzehoe. Hamburg, durch Autobahn und Schiene gut angebunden, liegt näher, viel näher als die - irgendwie entfernte - Landeshauptstadt Kiel.

Steinburg – vierfach

Steinburg gibt beziehungsweise gab es vierfach: Der Reihe nach:

1. Die Burg Steinburg

   Sie wurde als Festung in Stein um 1300 vom holsteiner Grafen Johann II. errichtet. Zur Sicherung der Zugangswege nach Itzehoe und in die Krempermarsch. Vermutlich auch als Demonstration landesherrlicher Macht. Wegen Baufälligkeit gelegentlich erneuert, zeitweise gar an Hamburg verpfändet, in Kriegszeiten belagert, erlebte die Steinburg wechselvolle Zeiten. Und im Jahre 1640 ihr Ende. Christian Rantzau ließ die Steinburg abbrechen und das Steinmaterial nach Glücksburg schaffen. Damit wurde dort das gräflich Rantzausche Palais gebaut. An die Steinburg erinnert nur noch eine niedrige, baumbestandene Warft mit Wassergraben. Zu entdecken im Dorf Steinburg, Gemeinde Süderau.

2. Das Amt Steinburg

   Anfangs waren es die Burgvögte auf der Steinburg, die auch Verwaltungsaufgaben wahrzunehmen hatten. Nach und nach wurden aus Burgvögten Amtmänner. Das Amt Steinburg als Verwaltungsbezirk, mit Sitz auf der Burg, entstand. 1640 wurde der Sitz der Amtsverwaltung zwar nach Glückstadt verlegt, die Bezeichnung »Amt Steinburg« aber blieb für weitere Jahrhunderte erhalten. Heute allerdings trägt kein Amtsbezirk im Kreis den Namen Steinburg.

3. Das Dorf Steinburg

Ein Dorf, ohne eigentlichen Dorfkern, an der Landstraße 112, ein paar Kilometer östlich von Krempe gelegen. Eben dort, wo einst die Steinburg stand. Das Dorf ist als Siedlung sicherlich »im Schatten« der Burg entstanden. Schröder/Biernatzki berichten in ihrer Topographie im Jahre 1856 über Dorf Steinburg unter anderem so: *»Dorf ¾ Meilen östlich von Crempe. (...) Es enthält eine Königliche Erbpachtskornwindmühle, 7 Höfe, 10 kleinere Landstellen und 1 Chausseeeinnehmerhaus. (..) Volkszahl mit Espe: 216, worunter in Steinburg 3 Krüger, 1 Branntweinbrenner, 2 Höker, mehrere bedeutende Vieh- und Pferdehändler, 1 Schmied, 2 Tischler, 1 Rademacher und mehrere andere Handwerker.«*

4. Der Kreis Steinburg

1866 kamen die Herzogtümer Holstein und Schleswig zu Preußen. Durch königliche Verordnung vom 22. September 1867 wurden bisherige Ämter, Städte und Gutsdistrikte zu »Kreisen« zusammengelegt. Der Kreis Steinburg entstand. Namensgeber war das traditionsreiche Amt Steinburg und - letztendlich - die Steinburg. Der neue Kreis umfaßte bei der Gründung 936 Quadratkilometer. Im Verhältnis zum bisherigen Amt Steinburg deutlich vergrößert, zum Beispiel um Bezirke der Geest und um die Kollmarer Marsch.

Der Kreis in Stichworten*

Fläche:	1056	Quadratkilometer
Städte:	5:	Itzehoe (Kreisstadt), Glückstadt, Kellinghusen, Krempe und Wilster
Ämter:	9:	Breitenburg, Herzhorn, Hohenlockstedt, Horst, Itzehoe-Land, Kellinghusen-Land, Krempermarsch, Schenefeld, Wilstermarsch
Gemeinden:	109	(ohne Städte)

Einwohner (Stand Dezember 1999):	135.798
davon in zentralen Orten:	
Itzehoe:	33.710
Glückstadt:	12.352
Kellinghusen:	8.062
Hohenlockstedt:	6.083
Horst:	4.754
Wilster:	4.406
Schenefeld:	2.442
Krempe:	2.317
Wacken:	1.772

Kreispräsident:	Klaus-Peter Wenzlaff
Landrat:	Dr. Burghard Rocke

* Angaben nach Unterlagen, die die Kreisverwaltung im Februar 2002 zur Verfügung stellte.

Landschaftsbild – »amtlich«

»Das abwechslungsreiche Landschaftsbild Holsteins prägt auch das Kreisgebiet. Landschaftsbestimmende Elemente sind Marsch und Geest. Im Südwesten des Kreisgebietes zieht sich ein Marschstreifen von 10 bis 15 km Breite entlang der Elbe. (...) Die das Kreisgebiet im Südwesten begrenzende Unterelbe ist 2 bis 3 km breit. Entlang der westlichen Kreisgrenze verläuft (...) der Nord-Ostsee-Kanal. Das Geestgebiet ist wellig und waldreich. Im nordöstlichen Kreisgebiet beginnt der Naturpark Aukrug.«

(Aus dem Faltblatt »Kreis Steinburg. Zahlen – Daten – Fakten.« Herausgeber: Kreisverwaltung Steinburg. Ausgabe März 2001.)

KREUZ UND QUER DURCH DEN KREIS STEINBURG

Architektonische Mischung

Im Vordergrund ein altes, sehr hübsches, bestens gepflegtes Fachwerkhaus. Dahinter ragt ein modernes Rechteck-Hochhaus empor. Unpassend? Verschandelung des Stadtbildes? Mitnichten! Das alte und das neue Gebäude präsentieren ihre Fassade in Paradeweiß – und harmonieren durchaus zusammen. Ein Bild zum Anschauen.
So ist das in Itzehoe. Scheinbar Gegensätzliches, Altes und Neues, stehen dicht beieinander. Und verbinden sich zu einem kunterbunt-fröhlichen Miteinander. Hinter jeder Ecke interessante, überraschende Motive.

Alt und Neu verbinden sich in Itzehoe zu einer interessanten Mischung

Idyllische Winkel mit dem Kleinstadtcharme einer vergangenen Zeit hier, pulsierendes Leben in Einkaufsstraßen dort. Schmale Gänge eines mittelalterlichen Stadtplans zwischen Häuserzeilen, kurvige Straßen, Fußgängerzonen, freie Plätze. Noble ehemalige Adelshöfe, Jugendstilvillen, prächtige Stadthäuser der Gründerzeit, herrschaftliche Bauten eines einstigen Großbürgertums, kleine vormalige Handwerkerhäuschen, Heimatschutzarchitektur der 1920er Jahre, kombinierte Wohn- und Speichergebäude aus früheren Handelszeiten. Dazu, dazwischen, daneben Neubauten von 1950 bis heute.

Itzehoe – 1824

»Itzehoe, Breite (stumpfer Turm) 53° 55' 28". Länge 28' 43". Stadt an der Stoer. Station für ordentliche und Extrapost. (...) Königliche Zollcontrolle. Quarantaine-Commission. Gassenerleuchtung seit 1822. Es gibt hier 4 Jurisdictionen, in welchen man überhaupt auf 5000 Menschen rechnet. Die eigentliche Stadt hat 390 Häuser. Volkzahl 2.659. Unter dem Kloster steht das Vorwerk nebst einigen Buden, umgerechnet gegen 146 Häuser. Die beiden anderen Gerichtsbarkeiten sind die der königlichen Burg, oder des Amtes Steinburg (20 Häuser) (...) und die der Herrschaft Breitenburg.

Fast wie 1824 – der Itzehoer Markt (links)

Und vieles, vieles mehr, von barock bis modern. Von zeitlos schön bis schlicht funktional. Itzehoe – Kreisstadt des Kreises Steinburg, Wirtschafts- und Verwaltungszentrum, kultureller Mittelpunkt der Region – lädt ein zu Stadtspaziergängen.

Von zeitlos schön bis schlicht funktional: der Itzehoer Stadtkern

Zu der letzteren gehören ohngefähr 60 Häuser und eine Malzmühle, bei welcher alle Brauer der Stadt Zwangsgäste sind; ferner die Kornmühle auf dem Crojahns = (Corbinianus-)Berge vor der Stadt. Theile des ganzen Orts sind die Alt- und Neustadt, in welchen sich die genannten Jurisdictionen durchkreuzen. Die Neustadt ist von der Stoer umgeben. (...) An der hiesigen Laurentiuskirche (...) sind 3 Prediger. (...) Die Nicolaikirche ist der Stadt zum beliebigen Gebrauche überlassen, und dient gewöhnlich jetzt zum Heumagazin. (...) Die Bürgerschule hat als Lehrer für Knaben einen Rector, einen Schreib- und Rechenmeister und 2 Elementarlehrer. Der Mädchenschule steht der Cantor, dessen Collaborator und der Küster

Charmantes Itzehoe im Morgenlicht

als Elementarlehrer vor. Außerdem ist noch eine Armenschule vorhanden. (...) Die Becker in der Stadt sind Zwangsgäste der Mühle zu Winseldorf (...) Spielkartenfabrik und Stempelverwaltung derselben. Buchdruckerei. Wochenblatt. 2 Apotheken. Eine Cichorien-, eine thönerne Pfeifen-, eine Strohuts- und mehrere Tobaksfabriken. (...)«

(Aus: »Topographie des Herzogthums Holstein, des Fürstenthums Lübeck, des Gebiets der freien Hansestädte Hamburg und Lübeck, und des Herzogthums Lauenburg« von Joh. Friedr. Aug. Dörfer, Diaconus der Fleckenskirche in Preetz. Vierte Auflage; 1824.)

Ein Beitrag der Stadtmanagement Itzehoe GmbH

»Itzehoe mit einem stolzen Alter von 1000 Jahren und Stadtrechten seit 1238 zeigt als Kreisstadt »Vorbildfunktion«. Mit einem attraktiven Kulturprogramm, einem modernen Theater (nicht nur für Theaterkenner, sondern auch für Architekturkenner ein Leckerbissen), auch durch seine Vielzahl von kleinen Läden bis hin zu modernen Einkaufszentren lockt Itzehoe derzeit jedes Jahr bis zu 35.000 Hotelbesucher, aber auch eine Vielzahl von Tagesgästen in die Stadt. Mit seinem altertümlichen Flair, der St.-Laurentii-Kirche mit Klostergang (dem Wahrzeichen Itzehoes) sowie dem Ochsenweg als historischem Radwanderweg als auch den Wassersportmöglichkeiten und den verschiedenen Museen bietet Itzehoe jedem Besucher etwas. Nicht nur aus touristischen Aspekten kommen Gäste ins Binnenland, sie fühlen sich auch durch ökonomische Reize angezogen. Als eines der Highlights für Ansiedlungen im Bereich »neuer Technologien« kann man mit Stolz das Frauenhofer Institut für Siliziumtechnologie (ISIT) nennen, das angrenzende Innovationszentrum (IZET) mit über 3000 qm Bürofläche, mit Unternehmen aus den Bereichen der Mikrotechnologie und Internettechnologie und zusätzlichen 25 Hektar Land für neue Ansiedlungen im Bereich der High-Tech-Industrie. Zudem reiht sich in diese internationalen Aktivitäten die Firma conTakt mit über 500 Beschäftigten ein, ein Unternehmen, das nicht nur im Bereich der Call Center Technologien neue Zeichen setzt, sondern auch im Bereich E-Commerce internationale Anerkennung mit mehreren Auszeichnungen gefunden hat.

*Die Stadt ist eine Mischung aus Tradition und Moderne und bietet mit seinen vielen Facetten jedem einen Anlaufpunkt. Besuchen Sie die Stadt zwischen den Meeren und machen Sie sich selber ein Bild von norddeutscher Gastfreundschaft. Wir freuen uns auf Ihren Besuch!«**

Informationen:

Stadtmanagement Itzehoe GmbH,

André Gerwien oder Meikel-Jan Büttner
Kirchenstraße 2,
25524 Itzehoe
Tel. 04821/5800

* Gekürzte Fassung

Kreisstadt Itzehoe in Zahlen*

Einwohner insgesamt:		34.911
davon	Frauen:	18.193
	Männer:	16.718

Größe des Stadtgebietes:

insgesamt:	2.803 Hektar
davon:	
Bebaute Flächen	757 Hektar
Straßen, Plätze, Gewässer	371 Hektar
Parks, Grünanlagen, Friedhöfe, Sportplätze	216 Hektar
Landwirtschaftlich genutzte Flächen	763 Hektar
Kleingärten	46 Hektar
Forstwirtschaftlich genutzte Flächen	650 Hektar

* Die Zahlen wurden zur Verfügung gestellt von: Stadtmanagement Itzehoe GmbH (Stand 1.1.2002).

Itzehoer Augusttag

Abkühlung an Sommertagen:
beim Eis im Straßencafé
oder gleich am und im Brunnen...

Ein sommerwarmer Augusttag. Bei strahlendem Sonnenschein. Da hat sich Itzehoe südländisch heiteres Flair zugelegt. Man genießt entspannt den Eisbecher im Straßencafé. Kinder - für pragmatische Problemlösungen allzeit naturbegabt - kühlen »heißgelaufene« Füße im Brunnenbecken. Und wer nicht gerade arbeiten muß (puh, bei dem schönen Wetter!), nimmt Kurs auf das große Freibad am Klosterbrunnen.

Im Klosterhof

Das Klosterhofgelände ist im ohnehin vielfältigen Itzehoer Stadtbild gewissermaßen das malerische »I-Tüpfelchen«. Eine zwar frei zugängliche, aber noch immer abgeschiedene, ruhige Oase inmitten einer lebhaften City.
Mit Motiven wie aus dem Skizzenbuch der Romantik. Mit kleinen Wohnhäusern und mit dem dominierenden Äbtissinnenhaus in zweigeschossigem Fachwerk. Mit dem gußeisernen Denkmal für Prinzessin Juliane von Hessen, die 50 Jahre lang – von 1810 bis 1860 – diesem adeligen Damenstift als Äbtissin vorstand. Mit einem Teich. Mit einer Klostermauer, geöffnet an zwei Eingängen.

Eingang zum Klostergelände

Detail am gußeisernen Denkmal für die Äbtissin Prinzessin Juliane von Hessen (oben)

Direkt anschließend die evangelische St. Laurentiuskirche, einst als Stadt- und Klosterkirche kombiniert genutzt. Die geschlossene sogenannte Äbtissinnenemporte erinnert an jene mittelalterlichen Zeiten, in denen Nonnen getrennt von der Gemeinde eine eigene Empore hatten – mit direktem Zugang zum Kloster.
Ursprünglich war das Kloster Itzehoe ein um 1230 gestiftetes, späterhin sehr reiches, Zisterzienser-Nonnenkloster. Im Zuge der Reformation erfolgte um 1540 die Umwandlung in ein adeliges Damenstift.

Dem Kloster Hofdienste leisten

»Es gehörten zum Kloster aber auch 88 Häuser in der Stadt, so die ganze Feldschmiede von Fahrradhändler Grantz an bis nach Sude hin, die Straße Hinterm Klosterhof, der Feldschmiedkamp, die Sandkuhle, der Wunderberg, etwa 12 bis 15 Häuser im Sandberg und die Häuser Hinterm Sandberg. Es waren dies, wie gesagt, 88 Hausbesitzer in der Stadt Klösterlichen Anteils, die alle Hofdienste leisten mußten, nicht eben mit Pferd und Wagen, also keine Spanndienste, aber Handdienste. Diese richteten sich nach der Größe und

Im Itzehoer Klosterhof

Das Kloster Itzehoe war reich, mit umfangreichen Besitzungen. Viele Ortschaften gehörten einst ganz oder teilweise dem Nonnenkloster. Die »Untergehörigen« hatten Abgaben zu leisten und Dienstleistungen zu erbringen. Noch Jahrhunderte nach der Reformation, als das Nonnenkloster sich längst zum Adeligen Damenstift gewandelt hatte. Auch in der Stadt Itzehoe gehörten Häuser zum Kloster, deren Besitzer zu »Hofdiensten« verpflichtet waren. Stadtsekretär a.D. R. Krohn hat darüber in seinem 1926 erschienenen Büchlein »Spaziergänge durch Alt-Itzehoe«* wie folgt anschaulich berichtet:

* Verlag G.J. Pfingsten GmbH, »Itzehoer Nachrichten«.

dem eingeschätzten Wert der Häuser. Der Inhaber einer Bude mußte 1 Tag, der eines kleinen Hauses 1½ Tage und so weiter, 2, 3 und höchstens 4 Tage im Jahre fürs Kloster arbeiten. Diese Arbeitstage der städtischen Klosteruntertanen hießen Hock- und Stacktage. Die Verpflichteten mußten also, wenn auf Pünstorf Ernte war, hinter dem Mäher den Roggen in Hocken setzen oder, wenn bei Amönenhöhe der klösterliche Stördeich mit Busch belegt oder bestackt werden sollte, beim Stacken helfen. (...)*
Die Sache war ja nun nicht so, daß der reiche Kaufmann in der Feldschmiede oder die wohlhabende Frau Doktor im Sandberg selbst nach Pünstorf mußte, um da zu hocken; sie nahmen sich Leute dazu an, deren Arbeit sie bezahlen mußten.
Auch diese Hock- und Stacktage hörten auf, als die Hofdienste endeten, (...), so um 1814. Die nunmehr von den Hock- und Stacktagen Befreiten mußten ans Kloster dafür zu Michaelis jeden Jahres 9 lübsche Schillinge Hamburger Courant zahlen.«

Im Itzehoer Klosterhof

* Pünstorf war klösterliches Gut (Anmerkung des Autors).

Kunst – hochgestellt

Beispiel für derart »hochgestellte« Kunst am Bau: der 1869 errichtete Vorderbau der Kaiser-Karl-Schule in Itzehoe. Mit den beiden allegorischen Figuren »Kunst« und »Wissenschaft« auf der Giebelspitze und mit güldenen Greifen an beiden Giebelseiten.

Kunst – hochgestellt auf dem Giebel der Kaiser-Karl-Schule

Kunst am (öffentlichen) Bau ist keine Erfindung unserer Tage. Dergleichen praktizierten die Altvorderen auch schon vor 100 Jahren. Wobei diese für ihre Kunstobjekte gern »hochgestellte« Standorte wählten. Zum Beispiel oben auf Giebelsimsen der Häuser. Das hatte Vorteile. Einerseits, weil die kunstvollen Verzierungen hoch oben uneingeschränkt und auch von weitem sichtbar sind. Andererseits, weil sie – derart in unerreichbare Höhen entrückt – sicher sind vor jedweder mutwilliger oder versehentlicher Beschädigung.

theater itzehoe

Theater hat man in Itzehoe schon mindestens 100 Jahre lang gespielt. Aber nun, Ende der 1980er / Anfang der 1990er Jahre, wurde beraten und beschlossen, ein neues Theatergebäude zu bauen. Für runde 35 Millionen D-Mark. Ein Betrag, der einigen Itzehoern denn doch zu »happig« erschien – für ein Theater in einer 35.000-Einwohner-Stadt.

Gebaut wurde trotzdem. Weil ein solches Theater nicht nur gut für's Kulturelle ist, sondern auch die Wirtschaft stärkt. Ins Theater gehen schließlich nicht nur Itzehoer, sondern auch viele Besucher aus dem weiten Umland.

Entstanden ist in repräsentativ freier Lage ein wirklich »besonderes«, unverwechselbares, irgendwie »mutiges« Theatergebäude. Ein Rundbau. Die Architektur in den Außenlinien mutet avantgardistisch an, mit einer Prise »Alte Burgenherrlichkeit«. Innen ist je nach Bestuhlung Platz für 639 bis 750 Zuschauer.* Eröffnet wurde am 26. September 1992 mit einem Konzert des Budapester Symphonieorchesters.

Das Haus ist ein Mehrzweckbau. Geeignet und genutzt für Sprech- und Musiktheater, für Ballett und Kabarett, für Pantomime, Show, Kammer- und Symphonieorchester, für Jazzveranstaltungen, für Messen, Kongresse, Lesungen.

Der Erfolg spricht für sich. Zum 5. Theatergeburtstag standen bereits 1000 Veranstaltungen mit mehr als 400.000 Besuchern* in den Annalen. Auch die Kritiker der Neubaukosten von einst sind längst bekehrt. Dieses Theater gehört ganz einfach zu Itzehoe, zum Kreis Steinburg.

Speziell wie der Bau ist auch der Begriff, der Name, die Schreibweise dieser Kulturinstitution: *theater itzehoe* – klein geschrieben. Meinte ein Theatermann: *»Wir schreiben uns klein, bringen dafür große Leistung.«*

* Zahlenangaben aus *»L(i)ebenswertes Itzehoe«*, herausgegeben vom Itzehoer Verkehrsverein e.V.

Wo St. Jürgen kämpft

Im Bogen über dem backsteinernen, offenen Tor, das zum St. Jürgen- Stift und zur St. Jürgen-Kapelle führt, ist zu lesen: *»Herr, bleibe bei uns, denn es will Abend werden. Luc. 24.29. Anno Dom. 1240-1893.«* Kein anderer Spruch könnte passender sein für ein Altenstift, das an dieser Stelle in gleicher Funktion seit dem Spätmittelalter existiert. Noch früher war es ein Aussätzigenhospital, vermutlich um 1240 gegründet. Auf der anderen Seite des Tores kämpft oberhalb der Rundbogenöffnung der steinerne St. Jürgen als Namenspatron des Stiftes und der Kapelle mit dem Drachen. Erfolgreich, wie die Fabel vom heiligen St. Georg berichtet. St. Georg und St. Jürgen sind identisch. Jürgen ist die plattdeut-

Links: Das Itzehoer Theater

Die St. Jürgen-Kapelle
und der Drachentöter auf dem Eingangstor

sche Sprachform von Georg. Das gleiche Motiv des drachentötenden St. Jürgen ist auf der hölzernen Eingangstür der St. Jürgen-Kapelle als naive, aber eindrucksvolle Malerei zu betrachten.
Dieses kleine Fachwerk-Gotteshaus wurde 1661 errichtet, nachdem der Vorgängerbau dem großen Itzehoer Stadtbrand von 1657 zum Opfer gefallen war. 1958 erfolgte eine Innenrenovierung, bei der das hölzerne Tonnengewölbe und Gemälde freigelegt wurden. Zitat Dehio:* *»Das Innere wegen seiner einheitlichen Barockausstattung und -bemalung sehenswert.«*

* »Handbuch der deutschen Kunstdenkmäler, Hamburg/Schleswig-Holstein.« Deutscher Kunstverlag, 1994.

Prinzeßhof

1556 wurde das Gebäude als - wie es heißt - »von Kloster Itzehoe verlehnter Adelssitz« erstmals erbaut. Später zum Teil umgebaut, erweitert, modernisiert, restauriert.
Ein repräsentativer Backstein-Breitbau, zweigeschossig, mit weißgeschlämmten Außenmauern, ist dieser Prinzeßhof geblieben.
Amtmänner von Steinburg haben hier gewohnt. Der Kurfürst Wilhelm I. von Hessen-Kassel hat Residenz gehalten, 1807/08, als er sein Ländchen des Herrn Napoleon wegen verlassen mußte.
Auch danach blieb's hessisch. Prinzessin Juliane von Hessen, als Äbtissin des Klosters (sprich: Adeliges Damenstift) Itzehoe nahm hier ab 1810 Wohnung. Die nachfolgenden Äbtissinnen haben - bis 1941 - in dem Gebäude ebenfalls ihr Domizil gehabt. Wie ihre Vorgängerinnen waren es Prinzessinnen: Prinzessin Louise und Prinzessin

Der Prinzeßhof, heute Kreismuseum (oben und links)

Rechts: Historisches Altargeschirr der St.-Jürgen-Kapelle, jetzt im Kreismuseum

Marie von Schleswig-Holstein-Sonderburg-Glücksburg. Seither heißt das Haus Prinzeßhof.
Der Eingang wird von einem ausdrucksvollen Sandsteinportal gerahmt. In dem Abschlußgesims lagern die weiblichen Figuren »Glaube« und »Überfluß«. Dem Betrachter bleibt die Aufgabe (für sich) zu entscheiden, welche die eine, welche die andere ist.
Im Prinzeßhof in Itzehoe ist jetzt das Museum des Kreises Steinburg untergebracht.

Kreismuseum

Auf den Zusammenkünften der Itzehoer Bäcker vor rund 350 Jahren ist der Durst offenbar erheblich gewesen. Das läßt die beachtlich große »Schankkanne des Bäckeramtes zu Itzehoe« aus dem Jahre 1654 vermuten. Da wollten die Schlachter nicht zurückstehen – wie Pokale und Humpen mit der Gravur »Das löbliche Schlachter-Ampt« zeigen. Die Schneider nannten sich Kleidermacher und präsentieren die »Kleidermacher-Amts-Lade« von 1828.

Zu besichtigen sind diese Exponate im Kreismuseum im Prinzeßhof in Itzehoe. Und viele Dinge mehr, die eine Ahnung vermitteln vom Leben der Itzehoer und anderer Steinburger vor 50, vor 100, vor 200, vor 300, vor 400 Jahren. Als da zum Beispiel sind:

31 Silberlöffel der Mitglieder des berühmten Münsterdorfer Kalands aus der Zeit von 1753-1862. Ein Siegeltypar aus dem 15. Jahrhundert. Die Riechdose anno 1752. Silberschmuck und Porzellan. Alt-Kellinghusener Fayence-Fliesen. Die Frühstücksecke der Alsen'schen Zementfabrik. Der alte Tabaksladen. Die Bibel von 1533! Steigbügel aus Massivmessing aus der Zeit um 1830. Das Biedermeierzimmer. Die legendäre »Brennhexe« aus den Notjahren nach 1945. Das 1762 gestiftete silberne Altargeschirr der St. Jürgen-Kapelle, bestehend aus Abendmahlskanne und dem innen vergoldeten Abendmahlskelch. Und so weiter.

Kurzum: Ein vielfältiges Potpourri, durch Informationstafeln zusätzlich erläutert. Ergänzt wird die heimatkundliche Dauerausstellung durch wechselnde Sonderschauen.

Die »versteckte« Gemeinde

Die Gemeinde Wiedenborstel zu finden, ist für den Ortsunkundigen selbst unter Zuhilfenahme amtlicher Regionalkarten ziemlich schwierig. Wiedenborstel, rundherum von Wald umgeben, hält sich versteckt. Keine »richtige« Straße führt dahin, nur Spurbahnen. Ein amtliches Ortsschild war nicht zu entdecken.
Dabei hält Wiedenborstel einen Rekord: als kleinste Gemeinde Schleswig-Holsteins – hinsichtlich der Einwohnerzahl. Im August 2001 waren hier sechs Erwachsene und zwei Kinder wohnhaft. Eigentlich besteht der »Ort« nur aus einem einzigen Gutshof.
Aber ohne Wenn und Aber: Wiedenborstel ist kommunalrechtlich eine wirkliche, eigenständige Gemeinde. Eine der 17 Gemeinden des Am-

Ein Gutshof - eine Gemeinde: Wiedenborstel

Frage und Antwort

Zur Sicherheit nachgefragt bei der Amtsverwaltung Kellinghusen-Land: »Ist Wiedenborstel noch eine selbständige Gemeinde?« Die Antwort*: *»Selbstverständlich ist die Gemeinde Wiedenborstel noch eine eigenständige Gemeinde. Sie besteht aus dem idyllisch gelegenen Gut – und sonst nichts.«*

* Schreiben vom 10. Januar 2002.

tes Kellinghusen-Land. Mit einer Bürgermeisterin. Im übrigen werden die Geschicke der Gemeinde durch die Einwohnerversammlung bestimmt. Urdemokratie, sozusagen. Für eine komplette Gemeindevertretung üblicher Art reicht die Einwohnerzahl nicht aus.
Wer denn hingefunden hat nach Wiedenborstel, entdeckt* eine gepflegte, ruhige, abgeschirmte Oase. Irgendwie verwunschen.

* Wiedenborstels »Versteck«: Im Nordosten des Kreises, im südlichen Teil des Naturparks Aukrug, nördlich von Sarlhusen. Zu erreichen per »Spurbahn«, die abzweigt von der Straße Sarlhusen-Aukrug-Innien.

Wiedenborsteler Weg

Später Septembertag

In der Naturpark-Landschaft* zwischen Wiedenborstel, Sarlhusen und Fitzbek.
Herbstbeginn. Laut Kalender seit drei Tagen. In der Natur herrscht Sommerabschied. Für dieses Jahr. Morgennebel, bevor die Sonne sich zögerlich durchsetzt. Braune, frisch gepflügte Äcker. Auf dem Feldweg erstes abgefallenes Birkenlaub. Eine Kolonie Fliegenpilze leuchtet mit roten Kappen. Der bereits herbstgelbe Farn zeigt im Sonnenlicht noch einmal sein filigranes Blätterwerk.
Das läßt hoffen – auf einen »goldenen Oktober«.

* Naturpark Aukrug, südlicher Teil.

Burganlage Willenscharen

Oben auf der Krone des 9 Meter hohen Burgwalls stehen eine hölzerne Bank und ein kleiner hölzerner Tisch der einfachen Art. Der heutige Besucher der frühgeschichtlichen Burganlage Willenscharen kann in aller Ruhe Platz nehmen, kann Ausschau halten auf die Störtalniederung gleich da unten, kann auch frühstücken oder ein ruhiges Sonnenbad nehmen.
So gemütlich werden es die Wachposten dieser sächsischen Burganlage im 8./9. Jahrhundert nicht gehabt haben. Es galt, hier am Heerweg,

Auf dem Wall der Burganlage Willenscharen

am Übergang über die Stör, das Land zu schützen und zu sichern. Gegen die Slawen im ostholsteinischen Siedlungsgebiet, gegen eventuelle Heerscharen des karolingischen Reiches im Süden.

Vergangenheit! Geblieben ist der Burgwall, der einst, mit Palisaden bestückt, viel höher war, aber wie vor mehr als 1000 Jahren einen tieferliegenden Innenraum von 40 Metern Durchmesser umschließt.

Dann kam die Eisenbahn

Ohne eigene Kirche, sondern nach Stellau eingepfarrt, zwangsmühlenverpflichtet nach Breitenburg - um 1820 war Wrist wahrlich kein bedeutendes Dorf. Dann aber kam die Eisenbahn. Die Kiel-Altona-Bahn, die erste in Holstein, eröffnet am 18. September 1844. Ihr vollständiger Name damals: »Christian-VIII.-Ostseebahn Altona-Kiel«. Zu jener Zeit gehörte Schleswig-Holstein zum dänischen Gesamtstaat und König Christian VIII. war Herrscher unter dem Danebrog. Die Bahn ging in der Tat nach Altona, nicht etwa nach Hamburg, wie gelegentlich geschrieben wird. Altona war noch eine eigenständige schleswig-holsteinische Stadt, mitnichten hamburgisch. Hamburg gehörte natürlich nicht zum dänischen Gesamtstaat. Wie hätte der dänische König »seine« Bahn da nach Hamburg führen können.

Wrist wurde Bahnstation, erhielt ein zweigeschossiges Bahnhofsgebäude in feinem Backstein und erlebte rasch einen wirtschaftlichen Aufschwung. Rege Bautätigkeit setzte ein. Die neuen Wohnhäuser waren nicht wie zuvor kleindörflich, sondern - wie Oldekop in seiner Topographie 1908 anmerkt - *»mehr städtisch«*.

Die Kellinghusener sollen sich damals geärgert haben. War doch die Linienführung der Bahnstrecke Altona-Kiel ursprünglich über Kelling-

»Gründerzeitvilla mit Gleisanschluß« – der Bahnhof zu Wrist

husen, nicht über Wrist, geplant. Aber die Kellinghusener wollten die Bahn nicht so recht. Sie befürchteten – wie zu jener Zeit auch andernorts üblich – Lärm- und andere Belästigungen durch die fauchenden Dampflokomotiven. Folglich beteiligten sich die Kellinghusener nur spärlich an der 1841 begonnenen Subskription, der Aktienzeichnung. Zu spärlich! Kellinghusen wurde im Bauprojekt gestrichen, Wrist erhielt den Vorzug. Und ist, wie seit 1844, eine bekannte Bahnstation an der genannten Strecke. Mit 2434 Einwohnern* ist Wrist heute die größte Gemeinde im Amtsbezirk Kellinghusen-Land.

Die Kellinghusener haben die verpaßte Eisenbahnanbindung an die »Christian-VIII.-Ostseebahn« längst verkraftet. Schließlich besaß Kellinghusen bereits seit 1740 die Fleckensgerechtigkeit, wurde mit öffentlicher Bekanntmachung vom 18. August 1877 zur Stadt. »*Das*«, sagt man nachsichtig lächelnd in Kellinghusen, »*hat Wrist nicht erreicht.*«

* Stand: 31.3.2001.

Das Kirchlein von Stellau

Die allerälteste Kirche im Steinburger Land ist sie nicht, die größte schon gar nicht, auch nicht die großartigste. Zudem: Ein hochaufragender, den Standort anzeigender Kirchturm fehlt.
Trotzdem ist das Kirchlein von Stellau irgendwie etwas Besonderes. Weit bekannt, auch über die Grenzen des Kreises hinaus.
Woran es liegt? Vielleicht an der Lage, abseits und für sich allein, rundherum ist stille Landschaft, das Bramau-Tal, kein geschäftiges Treiben einer Ortschaft. Vielleicht daran, daß sie

Gesamtansicht und Details des Feldsteinkirchleins zu Stellau

klein ist. Kleine Kirchen haben etwas Anheimelndes. Vielleicht an ihrem Alter, bereits 1230 soll sie geweiht sein. Oder an ihren eindrucksvollen Feldsteinmauern, an ihren kleinen, tief ins Mauerwerk eingelassenen rundbogigen Fensteröffnungen, an den »zusammenhaltenden« Stützpfeilern.
Vermutlich kommt das eine zum anderen. Und das ergibt dann diesen feinen »Zauber« der Kirche von Stellau.

Der Dichter aus Mühlenbarbek

Der weiland Geheimrat J. Krumm hat es so gesagt:* *»Der Dichter des Landes an der Elbe ist Johann Hinrich Fehrs.«* Und auch: *»Das ist Johann Hinrich Fehrs, der Bauernsohn, durch Geburt und Leben, durch Stoff und Art seiner Dichtung gehört er der Heimat an.«*

Geboren ist Johann Hinrich Fehrs in Mühlenbarbek, als eines von insgesamt zwölf Kindern seiner Eltern. Man bedenke: zwölf Kinder (die arme Mutter!). So ungewöhnlich war eine derart große Kinderzahl nicht, damals, auf dem Lande. Obgleich aus kleinbäuerlichen Verhältnissen stammend, hat J.H. Fehrs es geschafft, Lehrer zu werden. Die Seminaristenzeit in Eckernförde, die ersten Jahre als Dorflehrer in Störkathen, in Reinfeld, Altona und Itzehoe waren entbehrungsreich.

1865 übernahm er – 27jährig – in Itzehoe (Zitat)* *»... die Privatschule seiner späteren Frau mit 36 Schülerinnen und einer großen Schuldenlast.«* 38 Jahre lang, bis 1903, bis zu seinem 65. Lebensjahr, hat er diese »Höhere Töchterschule« geleitet. Woraus folgert: Von der Dichtkunst allein konnte auch Johann Hinrich Fehrs nicht leben. Bis zu seinem Tode im Jahre 1916 hat er dann im Haus Klosterhof 5 in Itzehoe gewohnt.

Versteht sich, daß die Mühlenbarbeker »ihrem« Johann Hinrich Fehrs, dem berühmtesten Manne, der je hier geboren wurde, Ehre erweisen. Mit einem Gedenkstein, 1922 errichtet. Mit einer Johann-Hinrich-Fehrs-Straße. Und mit weiteren Straßen, die nach Personen benannt sind, die in Fehrs Werken – mit Hintergrund Mühlenbarbek – vorkommen.

Der Gedenkstein für J.H. Fehrs in Mühlenbarbek

* In: »Heimatbuch des Kreises Steinburg«, Band I; 1924.

Eine Fehrs'sche Lebensweisheit

Im Kreismuseum, im Prinzeßhof in Itzehoe, erinnert ein Gedenkzimmer an Leben und Werk des Dichters. Ein Exponat aus seiner Schulleiterzeit ist besonders reizend: das Poesie-Album der Wilhelmine Claussen. Mit einem Eintrag von Fehrs vom 1. Mai 1866.
Fehrs heute? Seinen Namen kennt man. Aber wer hat ihn gelesen? Sein »Ut Ilenbeck« (in dem er Mühlenbarbek, das Dorf seiner Kindheit, widerspiegelt), seinen Roman »Maren« oder gar seine »Gesammelten Werke«?

»De Minsch will veel un kann ok veel,
he sinnt un spinnt en Barg tosam,
und doch ist, recht bi Licht besehn,
all, wat he deit, en Kraepelkram.
Grot is sin Not un kort sin Arm,
de Been ward swar un möd dat Hart,
denn kommt sin Tid, denn mutt he starb'n -
gottlov, dat't baben beeter ward!«

(Aus: »Lebenslop« von Johann Hinrich Fehrs; entnommen aus »Heimatbuch des Kreises Steinburg«, Band I; 1924.)

Anmerkung: Auf eine hochdeutsche Übersetzung wurde verzichtet. Sie könnte der Poesie dieser Zeilen nicht gerecht werden.

Haus Klosterhof 5 in Itzehoe. Hier verbrachte J.H. Fehrs seinen Lebensabend.

Im Bramau-Tal

Das Bramau-Tal zwischen Wrist und Wittenbergen, Südufer. Nach dem Kirchlein von Stellau kommt nur noch der Dammhof. Dann ist man allein. In der Ruhe einer stillen, »abgelegenen« Landschaft. Weite Wiesen zum einen, der niedrige Deich zur anderen Seite des schmalen Weges. Und natürlich die Bramau. Au heißt sie. Aber hier, kurz vor ihrer Mündung in die Stör, ist die Bramau doch schon ein richtiger kleiner Fluß, der in Kurven geruhsam dahinfließt. Entwässerungsgräben münden in den Fluß, wie der breite, schnurgerade Kätners Graben. Zwei Störche schreiten über die Wiese. Am Bramau-Ufer steht in stoischer Ruhe ein Graureiher, Ausschau haltend nach einer Fischmahlzeit. Auf der gegenüberliegenden Wiese am Nordufer weiden Kühe. Kein Auto fährt. Hast und Hektik der lauten, der »anderen« Welt scheinen weit entfernt. Im Bramau-Tal hinter Dammhof am Deich sitzen und schauen: Die Seele tankt auf!

Erntezeit

Im Bramau-Tal hinter Stellau (links) und reifes Getreide im Spätsommer

Das Stoppelfeld, »garniert« mit eingewickelten Strohballenrollen. So ist Landwirtschaft heute. Daneben das abgedroschene »leere« Rapsfeld. Nur der Mais hat noch Zeit. Erst Ende September/Anfang Oktober wird der Erntehäcksler kommen. Aus Blattgrün, Stengeln und Körnerfrucht wird dann Maissilage.

Kellinghusen – Luftkurort

Ratschlag und Bitte eines Kellinghuseners an den Autor: *»Kellinghusen ist auch Luftkurort. Erwähnen Sie das bitte in Ihrem Buch.«*
Bitte hiermit erfüllt: Kellinghusen, dieser (mindestens) 854 Jahre alte Ort, mit seinen 8150 Einwohnern,* ist seit 1987 staatlich anerkannter Luftkurort. Sehr zu Recht. Die Waldgebiete im Norden und der siedlungsschwache Raum der Stör-/Bramau-Niederung im Süden sorgen für

Luft der Güteklasse »prima-prima«. Die abwechslungsreiche Landschaft und die interessante Kleinstadt empfehlen sich fürs Touristische. Für jene, die Natur mögen und Erholung suchen. Schnicki-Micki-Remmi-Demmi ist weniger angesagt.

* Stand August 2001.

Kellinghusen romantisch

Zum touristischen Sightseeing-Schnelldurchgang eignet sich Kellinghusen nicht. Die kleine Stadt will mit Muße entdeckt sein. Nicht eilen, sondern gemächlich bummeln. Sich einfach »treiben lassen«, durch Straßen und über Plätze. Und siehe, das anfangs »spröde« Kellinghusen »öffnet sich«, läßt eine freundlich-warme Atmosphäre spüren. Und zeigt dem Besucher romantische Winkel noch und noch.
Kellinghusen, das ist wie Liebe auf den zweiten Blick. Die ist bekanntlich besonders dauerhaft.

Romantisches Kellinghusen

Kellinghusen um 1824

»Kellinghusen. (...) Seit 1740 ein Flecken. Station für ordentliche und Extrapost. (...) Der Flekken hat ohngefähr 100 Häuser; es schließen sich aber gegen Osten das Dorf Vorbrügge, und gegen Westen der Lehmberg und das Dorf Overndorf an denselben, so daß sie einen Ort von ohngefähr 200 Häusern ausmachen. (...) Der Betrieb der Einwohner besteht ausser dem Akkerbau, Holzhandel und den gewöhnlichen Handwerken besonders in der Verfertigung des ordinairen Steinguts, davon es hier einige privilegirte Fabriken gibt. Königliche Zollcontrolle.

Kaum anders als 1824:
Feldsteingepflasterte Gasse in Kellinghusen

Apotheke. Windmühle mit einem Graupen- und Lohgange. Holz-, Vieh-, Pferde- und Krammarkt am Mittwochen und Donnerstag in der vollen Woche nach Maitag. (...)«

(Aus: »Topographie des Herzogthums Holstein, des Fürstenthums Lübeck, des Gebiets der freien Hansestädte Hamburg und Lübeck, und des Herzogthums Lauenburg« von Joh. Friedr. Aug. Dörfer, Diaconus der Fleckenskirche in Preetz. Vierte Auflage; 1824.)

Die Rückkehr der Fayencen

Im »Graesse«,* dem »klassischen« Bestimmungsbuch für Porzellan- und Fayencemarken, sind für Kellinghusen fünf verschiedene Fayence-Manufakturen aus der Zeit von 1763 bis 1860 genannt. Damals war Kellinghusen ein weit bekannter Produktionsstandort schöner Fayencen. Vor allem »Kellinghusener Teller«, deren floral geschmückter Rand mit einem frischen Gelb unterlegt ist und in deren Mitte ein farbenreicher Blumenstrauß leuchtet, begründeten die Kellinghusener Fayence-Berühmtheit.

Aber wie das so ist mit dem Auf und Ab im Wirtschaftsleben: 1860 schloß die letzte Werkstatt. Die Kellinghusener Fayencezeit war vorbei. Vorerst. Für lange 100 Jahre. Bis Wilhelm Freiherr von der Trenck und seine Frau Ingeburg, eine gelernte Keramikmeisterin, kamen. Sie wollten die große Zeit der Kellinghusener Fayencen wieder aufleben lassen, zu neuer Blüte führen.

Eine Auswahl Kellinghusener Fayencen

* »Führer für Sammler von Porzellan und Fayencen« von Dr. J.G.Th. Graesse; 26. Auflage; 1986 in Verlag Klinkhardt & Biermann.

Mit Magistratsbeschluß von 18. September 1959 gestattete die Stadt Kellinghusen dem jungen Unternehmen ausdrücklich, die Firmenbezeichnung »KELLINGHUSENER FAYENCEN UND KERAMIK WILHEM VON DER TRENCK« zu führen. Am 1. Juli 1960 begann Freifrau Ingeburg von der Trenck die Verlegung ihrer Werkstatt von Itzehoe nach Kellinghusen.

Und die von der Trencks haben es geschafft: Kellinghusen wieder zu einem in Fachkreisen weltbekannten und anerkannten Standort anspruchsvoller Fayence-Herstellung zu machen. Eigenständige Formen und Design stehen neben wiederbelebten, traditionellen Produkten aus der 1. Kellinghusener Fayencezeit. Die prächtigen »Kellinghusener Jahresteller« – so genau wie möglich gearbeitete Repliken nach Originaltellern aus Museen und Privatsammlungen unter Angabe des Malers – sind als Sammelobjekte besonders gefragt. Aber auch die Fayenceplatten der Serien »Hamburger Ausruf«, die bunten Teller, Kummen, Schüsseln, Bügelhenkeltöpfe, die sogenannten Potpourris – neben diversen anderen Stücken – finden viele Liebhaber.

Ein wahrer »Traum«: das zwölfteilige Kellinghusener Fayence-Eßgeschirr, eingedeckt als festliche Hochzeitstafel.

Heute wird das Unternehmen in der nächsten Generation geführt von Kristine Freifrau von der Trenck. Sie ist wie ihre Mutter Keramikerin.

Fayence

»Fayence ist ein keramisches Erzeugnis, das der Irdenware zugerechnet wird, mit einem porösen rot bis gelb brennenden Scherben und deckender Zinnglasur. Heute werden meist Cirkonglasuren verwendet. – Englisch: Delftware, Französisch: Faience commune, Italienisch: Maiolica, Dänisch: Fajence.«

(Aus der Informationsbroschüre »*Kellinghusener Fayencen und Keramik Wilhelm von der Trenck – eine Firmengeschichte und die Beantwortung von Fragen, die immer wieder gestellt werden*« von Ulrich von der Trenck *(Lic.rer.publ.); 1999.)*

Fayenceherstellung in drei Etappen: Links das Formen des Tons, oben die (noch recht blasse) Bemalung und rechts die leuchtenden Farben auf dem fertig gebrannten Teller.

Besuch in der Villa

Kellinghusener Fayencen aus dem Hause von der Trenck gibt es in der Brauerstraße 25 zu betrachten, zu bewundern und zu kaufen. Der Besuch dort ist ein Erlebnis: Wertvolle Fayencen, präsentiert in Ausstellungs- und Verkaufsräumen der Trenckschen Jugendstil-Villa. Das hat Atmosphäre - einfach schön!
Anschauliche Informationen über die Herstellung der Fayencen erhält der interessierte Besucher ebenfalls. Über die Arbeitsschritte wie: Drehen - Trocknen - Schrühbrand - Deckende Glasur - Bemalung - Glattbrand. Denn hier in der Brauerstraße befinden sich in einem Anbau auch die Werkstätten. Geöffnet täglich von 10.00 bis 18.30 Uhr, auch sonnabends und sonntags.

Eingangsfront der Trenckschen Jugendstilvilla

Kellinghusen – das Rathaus

Zugegeben, das Rathaus von Krempe ist älter, berühmter, bekannter. Jenes von Wilster ebenfalls. Zu verstecken braucht sich Kellinghusens Rathaus deshalb noch lange nicht. Tut es auch nicht. Groß und prächtig steht es da, das stolze Selbstbewußtsein der Erbauergeneration widerspiegelnd.

Gebaut wurde das Rathaus 1906–1908, in wilhelminischer Kaiserzeit also. Und eine nicht zu kleine Spur dieser Ära, nämlich wilhelminische »Großartigkeit«, schaut architektonisch deutlich heraus. Auf einer Inschrifttafel liest sich das so: *»Die reich gegliederte Fassade verbindet Formen des Historismus mit zeitgenössischen Jugendstilelementen.«*

Bau und Einrichtung des Rathauses wurden durch großzügige Spenden Kellinghusener Bürger gefördert. Keine Frage, die Kellinghusener aus der Zeit um 1906 wollten sich ein stattliches Rathaus leisten. Aus Heimatverbundenheit. Wohl auch, um die Bedeutung ihrer Stadt deutlich zu machen.

Das Rathaus zu Kellinghusen

Liliencron in Kellinghusen und Springhoe

Geboren wurde er am 3. Juni 1844 in Kiel unter diesem Namen: Friedrich Adolf Axel Freiherr von Liliencron. Ab 1883 aber nannte er sich Detlev. Als Detlev von Liliencron wurde er durch seine Dichtungen bekannt und berühmt. Lexikon-Zitat: *»Er schrieb meisterhafte impressionistische Natur- und Liebeslyrik, Balladen, die zum Teil an die Tradition des Bänkelgesangs und Vagantenlieds anknüpfen, und Novellen...«**

Leicht hat der Mann es nicht gehabt, es sich auch nicht leicht gemacht. Aus dem Militärdienst mußte der Offizier von Liliencron wegen hoher Schulden ausscheiden. Er versuchte sich erfolglos als Existenzgründer in Amerika, kam zurück, wurde Landvogt auf Pellworm, ab 1884 dann Kirchspielvogt in Kellinghusen. Auch dieses Amt mußte er aufgeben, hoher Schulden wegen. Er lebte als freier Schriftsteller, wohnte zeitweise in München. Schließlich erhielt Detlev von Liliencron für seine schriftstellerischen Leistungen vom deutschen Kaiser einen Ehrensold. Die Universität Kiel ernannte ihn zum Ehrendoktor der Philosophie.

Gedenkstein für Detlev von Liliencron auf Springhoe

An seine Zeit in Kellinghusen erinnert ein 1905 auf Springhoe in Gegenwart des Dichters eingeweihtes Denkmal. Auf einer neueren Infotafel ist notiert: *»In dieser Landschaft fand der Dichter Anregungen zu vielen seiner unvergänglichen Dichtungen.«*

Bekannt ist, daß Liliencron von Kellinghusen aus oft Spaziergänge in die Gegend um Springhoe unternahm.

1909 ist Liliencron in Alt-Rahlstedt bei Hamburg gestorben.

* Meyers Großes Taschenlexikon, Neuausgabe 1983.

Motive auf Springhoe

23 Gemeinden, 1 Amt

23 Gemeinden gehören zum Amt Schenefeld. Von A wie Aasbüttel bis W wie Warringholz. Außerdem: Agethorst, Besdorf, Bokelrehm, Bokhorst, Christinenthal, Gribbohm, Hadenfeld, Holstenniendorf, Kaiborstel, Looft, Nienbüttel, Nutteln, Oldenborstel, Pöschendorf, Puls, Reher, Schenefeld, Siezbüttel, Vaale, Vaalermoor und Wacken. 23 Gemeinden, über 10.000 Einwohner, rund 16.500 Hektar Fläche - das ist rekordverdächtig. Schenefeld ist das größte Amt im Kreis und eines der größten Ämter in Schleswig-Holstein.

In seiner jetzigen Form ist das Amt Schenefeld sehr jung. Im Rahmen der Gebietsreform vom 1. April 1970 wurde es gebildet aus sieben Gemeinden des alten Amtes Schenefeld, zehn Gemeinden des ehemaligen Amtes Wacken und sechs Gemeinden des vormaligen Amtes Hohenaspe. Derart groß geworden, war auch ein neues, heutigen Dienstleistungsansprüchen gerecht werdendes Verwaltungsgebäude vonnöten. Es wurde 1984 gebaut. Ein architektonisch sehr ansprechender Winkelbau, modern und doch im besten Sinne gediegen, passend zur Landschaft und zum Amtssitz, der Mittelpunktgemeinde Schenefeld.

Links Amt Schenefeld,
oben eine schöne Schenefelder Straße

Daß man bis zur landesweiten Kommunal-Gebietsreform von 1970 zum Kreis Rendsburg gehörte, ist schon fast vergessen. Man ist längst »allzeit gut steinburgisch«. Im Amt und in der Gemeinde ist zu hören: *»Wir fühlen uns wohl im Kreise Steinburg. Das war 1970 eine gute Entscheidung.«*

Urkirche

Die Bonifatius-Kirche in Schenefeld. Sie ist *»eine der Urkirchen neben Meldorf, Hamburg und Heiligenstedten«.* So steht es auf einer Schrifttafel neben dem Eingang. Und auch: *»Sie wurde im frühen 9. Jahrhundert gegründet.«*
Nun ist »im frühen 9. Jahrhundert« ja kein Datum, nicht einmal eine eindeutige Jahresangabe. Wie auch immer: Im Sommer des Jahres 2001 haben die Schenefelder die 1175jährige Existenz ihrer Kirche gefeiert. Und damit die Gründung ihres Gotteshauses auf das Jahr 826 fixiert. Ob Ansgar, wie vielfach vermutet, die Schenefelder Kirche gegründet, mindestens persönlich geweiht

Die Bonifatius-Kirche zu Schenefeld

hat, blieb allerdings auch in den Festveranstaltungen fraglich. Pastor Manfred Kaiser im Rahmen eines Festvortrages: *»Wenn die Mauern der Bonifatius-Kirche doch reden könnten.«*
Am besten die untere Schiffsnordwand. Denn diese stammt noch aus der Gründungszeit der Kirche. Und ist – Tafeltext –: *»... damit der älteste noch aufrecht stehende Kirchenbaurest in Schleswig-Holstein.«* Den schmucken Dachreiterturm haben die Schenefelder 1733 aufgesetzt. Ansonsten wurde die Kirche in den Jahren 1903 und 1908 *»grundlegend verändert«.*

Dem Namen Ehre machen

Die christlichen Missionierer des 9. Jahrhunderts gründeten Kirchen dort, wo Menschen wohnten. Alles andere hätte ja auch wenig Sinn gemacht. Wenn also die Kirche Schenefeld aus dem Jahr 826 stammt, haben zu jener Zeit hier auch Menschen gelebt, bestand bereits eine Siedlung. Folglich haben die Schenefelder im Jahre 2001 nicht nur die 1175jährige Existenz ihrer Kirche, sondern auch ihres Ortes gefeiert.

Zwar wird diese frühe Siedlung wohl noch nicht den Namen Schenefeld getragen haben, aber was macht das schon?! So ganz genau weiß man's eh nicht, mangels schriftlicher Aufzeichnungen. Urkundlich erwähnt wird Schenefeld erstmals 1076 als »Scanaveld«. Daraus wurde 1281 dann »Sconefelde«, das ist: schönes Dorf, und schließlich Schenefeld.

Früh entwickelte sich Schenefeld zum wirtschaftlichen Mittelpunkt der Region. Und ist es als »Ländlicher Zentralort« auch heute. Mit kompletter Infrastruktur und Dienstleistungsangeboten. Rund 2500 Schenefelder wohnen im »alten«, fast kleinstädtisch anmutenden Ortsteil sowie in Neubaugebieten mit Ein- und Zweifamilienhäusern.

Fein hergerichtet ist Schenefeld »an allen Ecken und Enden«. Einschließlich Hohenzollernpark mitten im Ort und dem neun Hektar großen Naturbad »Louisenbad«, ehemals Mühlenteich. Wie sagte doch ein Schenefelder: *»Wir wollen unserem Ortsnamen stets Ehre machen. Sie wissen doch: Schenefeld, schönes Dorf.«*

Jedes Detail beweist es: Schenefeld, schönes Dorf!

Am Krinkberg

Im Jahre 1885 ist man am Krinkberg fündig geworden. Waffen wurden gefunden, dazu ein Schatz mit Silbermünzen aus der Zeit um 800, Hacksilber und Silberbarren. *»Die historische Bedeutung ist schwer zu interpretieren«*, steht auf einer Informationstafel. Und auch: *»Ein Zusammenhang mit der Besetzung Nordalbingens durch Karl d. Großen scheint möglich.«*
Damals, im 8./9. Jahrhundert, war der Krinkberg eine ovale Befestigungsanlage, mit Wall und Graben umgeben.
Wer hier den Schatz deponiert (und nie wieder »abgeholt«) hat, darüber kann nur gerätselt werden. Ein »gewöhnlicher« Mann wird's nicht gewesen sein. Der dürfte derartige Schätze nicht besessen haben. Wurden Münzen und Silber vor etwa eintausend Jahren deshalb vergraben, weil der Feind »ante portas« stand? Und wenn ja, wer war die Besatzung in der Wallanlage? Wer stand feindlich davor?
Historische Stätten wie diese am Krinkberg sind anregend für die Phantasie.
Dabei haben sich hier bereits rund weitere zweitausend Jahre zuvor Menschen getummelt. Denn der Krinkberg soll ursprünglich Teil eines Grabhügelfeldes gewesen sein, angelegt in der Bronzezeit, etwa 1450–1250 v.Chr. Die Befestigungs-

anlage des 8./9. Jahrhunderts (n.Chr.) entstand durch Abflachung des Hügels, durch Schaffung des ovalen Verteidigungswalles, der Gräben.
Die »Stiftung Krinkberg e.V.« und das Landesamt für Vor- und Frühgeschichte haben 1986 dieses Denkmal der Vorzeit restauriert und für Besucher zugänglich gemacht. Der Zauber von 3000 Jahren Geschichte ist hier spürbar, am ovalen Ringwall, der sich aus dem flachen Land erhebt. Davor blüht rosa-rot Heidekraut, gerahmt von schattenspendenden Birken. So kann es auch schon damals gewesen sein, als die Bronzezeitleute ihr Gräberfeld errichteten und später, als um 800 n.Chr. der Silberschatz versteckt wurde.
Die Lage: Südlich von Schenefeld an der Straße nach Hadenfeld, Richtung Wacken. In einschlägigen Wanderkarten sowie in der Topographischen Karte Nr. 1922, 1:25000, herausgegeben vom Landesvermessungsamt Schleswig-Holstein, markiert.

Die Autobahn im Gemeindewappen

Die Autobahn A 23 kreuzt den Kreis Steinburg diagonal. Von Horst im Südosten bis Besdorf im Nordwesten. Oder umgekehrt. Als die A 23 vor einigen Jahren gebaut wurde, waren viele Anrainer ganz und gar nicht begeistert. Man befürchtete Lärmbelastungen, Zerschneidung »gewachsener« Landschaftsstrukturen und ähnliches. Auch in Besdorf stand die Stimmung damals vielfach auf Ablehnung. Genützt hat es nichts. Inzwischen wandelte sich die Meinung deutlich. Von »contra« auf »pro«. Zumal Besdorf einen eigenen Autobahnzubringer erhielt. Der heißt zwar karten- und autobahnamtlich »AS Hanerau-Hademarschen«, liegt aber den Besdorfern wirklich »vor der Haustür«. Dank Autobahn hat Besdorf die »schnelle Anbindung« an die Kreisstadt Itzehoe und an den Hamburger Raum. Die vormalige ziemlich abgeschiedene Randlage ist Vergangenheit. Und die freie Natur ringsum ist ja immer noch da. So hat man beides. Autobahn und schöne Landschaft.

Ihrer positiven Meinung zur A 23 hat das 230-Einwohner-Dorf Besdorf sichtbaren Ausdruck verliehen: Die Autobahnpiste wurde in das Besdorfer Gemeindewappen aufgenommen!

Die vollständige Wappendeutung lautet wie folgt: *»Die Haferrispe und das schräggestellte Bauernhaus stehen für den ländlichen Charakter des Ortes. Mit dem in verwechselten Farben geteilten Wappen soll auf die A 23 Bezug genommen werden, die das Gemeindegebiet durchschneidet.«*

Damit auch jeder Besdorf-Besucher das Gemeindewappen bewundern kann, ist es - in farbiger Ausfertigung - auf dem Gedenkstein aufgebracht, der mitten im Dorf steht. Dieser Gedenkstein - ein Brocken von Findling - erinnert per Schriftzug auf der einen Seite an die Flurbereinigung 1975, an der anderen Seite an die Dorferneuerung 1994.

Leben mit der Autobahn:
Die Besdorfer haben selbst im Wappen
das Beste daraus gemacht.

Die blauen Türen von Wacken

Wacken liegt in hügeliger Gegend. Der Twischel-Berg bringt es auf 45,8 Meter, der Reselith-Berg gar auf 62,9 Meter. Für Steinburger Verhältnisse schon fast alpin. Auch ihre Kirche haben die Wackener auf hoher Lage gebaut, im Jahre 1863. So läßt sich vom Kirchhof herabblicken auf den Ort mit seinem »alten« Teil und mit den Neubaugebieten. Ein paar Schritte weiter der Blick hinunter und entlang der schmalen, mit hohen Bäumen eng bestandenen Allee des Kirchhofes.

Die schönen Wackener Kirchhofsalleen würdigte schon Oldekop im 2. Band seiner »Topographie des Herzogtums Holstein« im Jahre 1908. Der Besucher von heute »entdeckt« dann noch die blauen Kirchtüren und -luken mit den ausdrucksvollen eisernen Beschlägen.

Blick vom Kirchhof auf den Ort Wacken (oben), links eine Allee auf dem Kirchhof, rechts die blauen Türen und Luken der Wackener Kirche.

Der Maispflanzenanker

Von Looft nach Peissen auf direkter Strecke – das ist eigentlich ein Feldweg. Mit ganz viel Landschaft links und ganz viel Landschaft rechts. Und mit Wald. Dafür so gut wie keine Häuser. Angehalten und Rast gemacht. Dort, wo zur einen Seite hoher Nadelwald zum Spaziergang einlädt und zur anderen Seite knickgerahmte Äcker sich vom milden, etwas dunstigen Oktobersonnenlicht bescheinen lassen.

Auch ein abgeerntetes Maisfeld bietet noch interessante Motive (oben und rechts).

Fest verwurzelt: der »Maispflanzenanker«

Ganz sauber wurde nicht geerntet. Hier und da leuchtet noch ein aufgepahlter Maiskolben in der Sonne. »Nachstoppeln« würde lohnen. Ein Pfauenauge nimmt auf einem am Boden liegenden Maisblatt ein Sonnenbad. Für den Maisfeld-Spaziergänger ein letzter Abschiedsgruß des vergangenen Sommers.

Ein abgeerntetes Maisfeld. Ein Bummel darüber als Entdeckungstour der kleinen Art. Die Stoppeln lassen erkennen, warum Maispflanzen trotz ihrer Höhe und ihrer großen Blatt- und Fruchtmasse nicht umfallen: Sie verankern sich mit Wurzeln, die vom untersten Ende des Stengels rundherum in den Boden gehen. Ganz schön raffiniert. Natur ist wunderbar.

Kreissieger Vaale

12.00 Uhr in Vaale. Der Weihnachtsmarkt am heutigen 1. Adventssonntag beginnt um 14.00 Uhr. Also zwei Stunden Zeit für einen Foto-Bummel durch den 1300-Einwohner-Ort. Berichtete doch kürzlich die Zeitung, Vaale ist im Jahr 2001 Kreissieger geworden beim Wettbewerb »Unser Dorf soll schöner werden - Unser Dorf hat Zukunft«. Die Bewertungskommission hatte am 12. Juli Vaale begutachtet. Da stellt sich die Frage: Trifft das Prädikat »Schönes Dorf« auch an einem kalten, schneelosen Dezembertag zu?

Fazit nach ausgiebigem Spaziergang: Vaale ist auch im Winter ein schönes und zudem ein stimmungsvolles Dorf. Wie die »geschossenen« Bilder beweisen.

Vaale - schönes Dorf auch an schneelosen Wintertagen!

Weihnachtsmarkt in Vaale

Die beiden doch schon recht betagten Damen kamen per Fahrrad. *»Vom Nachbardorf«*, wie sie sagten. Den Weg und die feuchte Nachmittagskühle des Dezembertages scheuten sie nicht. *»Beim Weihnachtsmarkt in Vaale muß man doch dabeisein«*, so ihre klar formulierte Meinung. Angekommen, strebten sie zielstrebig jenen Raum im Vaaler Gemeindezentrum an, in denen von Hausfrauen gebackene Lecker-Torten und frisch gebrühter Kaffee zum Schnäppchenpreis angeboten wurden. Der Kaffee- und Kuchenappetit der beiden Damen war verständlich. Nach der anstrengenden Anfahrt. Und man mußte ja auch die ganze Strecke wieder zurück. Mit Fahrrädern, die auch »nicht mehr die jüngsten« waren.

Beim Vaaler Weihnachtsmarkt

Also, Weihnachtsmarkt in Vaale. Am 1. Adventssonntag, 14.00–18.00 Uhr im Gemeindezentrum. Gewiß, es gibt andernorts größere, bekanntere Weihnachtsmärkte. Gemütlichere, gewissermaßen »intimere« wohl kaum. Veranstalter ist der Förderverein des örtlichen Sportvereins, des SV Vaalia. Unterschiedliche Gruppen, Vereine und Privatpersonen sind aktiv dabei. *»Profis sind nicht zugelassen«*, erläutert Wiebe Kruse vom Förderverein. Am Stand des Kindergartens Wacken/Vaale mit den vielen liebevoll gebastelten weihnachtlichen Dingen leuchten nicht nur Kinderaugen. Die Damen und Herren der Volkstanz- und Trachtengruppe Vaale – natürlich in schmucker Tracht – machen sich derweil um Verkauf und Service der Kuchenmengen verdient. Der Zuspruch ist groß.

Wie sagte Wiebe Kruse: *»Der Weihnachtsmarkt von Vaale ist ein Highlight fürs Dorf.«* Stimmt offensichtlich!

»Highlight für das Dorf«:
Der Vaaler Weihnachtsmarkt

Rechts: Schiff im Nord-Ostsee-Kanal
bei Hohenhörn

Am Kanal

Alle Schiffe dieser Welt. Unter allen Flaggen, von allen Kontinenten. Von strahlend weiß bis »rostlaubig«. Von riesengroß bis nußschalenklein. Für Steinburger und alle Gäste zu betrachten im Süden auf der Elbe, im Westen auf dem Nord-Ostsee-Kanal.

Die Kanalbegleitwege zwischen Kudensee und Hohenhörn - zugelassen für Fußgänger und Radfahrer - bieten den allerbesten, allerdichtesten Blick auf die Kreuzfahrtliner, auf Containerschiffe, Tanker, Spezialfrachter, auf Kümos und Kutter, auf Schlepper und Yachten. Auf alles, was des Wasserweges kommt, von der Nordsee zur Ostsee oder umgekehrt.

Und das ist eine Menge, auf dieser meistbefahrenen künstlichen Seewasserstraße der Welt. Durchschnittlich 100 Schiffe passieren jeden Tag den Nord-Ostsee-Kanal. Sportboote und sonstige Kleinfahrzeuge nicht gerechnet.

Steinburg – jenseits

Steinburger Land auf der »Dithmarscher Seite« (oben) und Reste des »Grenzflusses« Holstenau

Der Nord-Ostsee-Kanal bildet Steinburgs Westgrenze. Drüben liegt Dithmarschen. So wird es gemeinhin berichtet und beschrieben. So stimmt es auch, im großen und ganzen. Im Detail sind Abweichungen auszumachen. Beispiele: Westlich von Holstenniendorf und Gribbohm »springt« die Kreisgrenze »rüber« über den Kanal, bildet eine Art Ausbuchtung. Auf der Landkarte sieht das aus, als ob der Kreis Steinburg einen kleinen »Brückenkopf« auf Dithmarscher Gebiet genommen hat. Südlich davon die umgekehrte Situation: Dithmarschen besitzt einen Streifen Landes östlich des Nord-Ostsee-Kanals, also auf – scheinbar – Steinburger Gebiet.

Warum das so ist? Diese Zick-Zack-Abgrenzung der Landkreise Steinburg und Dithmarschen hat eine uralte, eine historische Ursache. Mit Namen Holstenau. Dieses kleine Flüßchen bildete – als es den Kanal noch nicht gab – »seit ewigen Zeiten« die Grenze zwischen der einst freien Bauernrepublik Dithmarschen und dem Herzogtum Holstein. Dabei ist es geblieben, jetzt zwischen den beiden benachbarten Kreisen. Jedenfalls, soweit nördlich und südlich von Hochdonn

die Holstenau in Teilabschnitten noch vorhanden ist. Denn durch den Bau des Nord-Ostsee-Kanals wurde die Holstenau zerschnitten, zerstückelt und ist in längeren Abschnitten im Kanal »aufgegangen«.
Die Reststücke aber blieben Grenzlinie - wie eh und je.
So ist es denn ein Ausflug besonderer Art: Bei Hochdonn bereits auf dem Kanal-Ostufer den Kreis Steinburg verlassen und Dithmarschen betreten. Mit der Fähre über den Kanal setzen. Gleich drüben in Hochdonn (eine Dithmarscher Gemeinde) auf dem Kanal-Westufer die erste Straße rechts nehmen. Dann ist es nur eine kurze Strecke zu fahren oder zu wandern, um wieder im Kreis Steinburg zu sein.
Ein Kreisschild steht hier allerdings nicht. Aber am Schöpfwerk beginnt die Holstenau, das diesseitige Reststück, und man ist wieder im Steinburger Land. Der autoverkehrfreie Spazierweg durch die herb-schöne Holstenau-Niederung - bis kurz vor der Dithmarscher Siedlung Dückerwisch - ist angenehm. Selbst an einem wolkenverhangenen Oktobertag wie diesem.

Sommerfarben

Auf der Geest, »irgendwo« mitten im Steinburger Land. Ein Augusttag voller Sommerfarben. Leuchtend der Himmel, in feiner, übergangsloser Abstufung von intensiv-blau bis lichtblau, betupft mit einer weißen Federwolke. Der Wirtschaftsweg, an den Seiten grasbewachsen, führt durchs helle Grün, am Ende links und rechts flankiert von einem Baum - ein Naturtor in Dunkelgrün. Darin verborgen der Hochsitz. Dann das goldbraune Stoppelfeld, in der Ferne begrenzt vom dunkelschimmernden Knick.

Rechts:
Der historische Wasserturm
von Hohenlockstedt

Geestlandschaft

Die Sache mit »LoLa«

In der »Topographie der Herzogthümer Holstein und Lauenburg« von Schröder/Biernatzki aus dem Jahre 1855 ist von einem Dorf oder einer Siedlung mit dem Namen Lockstedter Lager keine Rede. Zu der Zeit – Schleswig-Holstein gehörte noch zum dänischen Gesamtstaat – war eine Ortschaft Lockstedter Lager noch nicht vorhanden. Ab 1871 – Schleswig-Holstein war inzwischen preußisch – begann der Staat, von umliegenden Gemeinden große Flächen aufzukaufen. Das einstige Dorf Ridders, im Jahre 1855 noch mit 150 Einwohnern genannt, wurde sogar vollständig abgebrochen. 1901 bildete der Staat aus den so zusammengekauften, zum Teil enteigneten Flächen den »fiskalischen Gutsbezirk« Lockstedter Lager und den gleichnamigen Amtsbezirk.
Zweck des ganzen Verfahrens: Errichtung eines großen Truppenübungsplatzes. Oldekop schreibt in seiner »Topographie des Herzogtums Holstein« im Jahre 1908: *»Das Gelände dient den Truppen des IX. Armeekorps zu Gefechts- und Schießübungen, namentlich während des Sommers. Während dieser Periode üben auf dem Platze bzw. werden im Barackenlager untergebracht: 5 Infanterie-Brigaden, 1–2 Kavallerie-Brigaden, 3 Feld-Artillerie-Brigaden, 1 Reserve-Infanterie-Regiment, 2 Reserve-Feldartillerie-Abteilungen, 2 See-Bataillone. Es sind 121 Gebäude mit 270 Einwohnern (...) vorhanden, welche als Barackenlager zur Unterbringung der Truppen und als Wohnhäuser des Aufsichts- und Betriebspersonals dienen.«*
Nach Weltkrieg I und nachfolgenden Freikorpskämpfen waren Truppenübungsplätze vorerst nicht mehr recht gefragt. Zitat: *»Im Sommer 1920 überließ die damalige Reichsregierung den aus dem Baltenland zurückgekehrten Soldaten den*

Rathaus Hohenlockstedt

*Truppenübungsplatz zur Besiedlung. Das große Gebiet Heide und Ödland wurde in mühseliger, langjähriger Arbeit in fruchtbares Ackerland verwandelt.«**

1927 änderte sich kommunalrechtlich der »fiskalische Gutsbezirk« in eine politische Gemeinde. Die hieß nach wie vor Lockstedter Lager. Abgekürzt im allgemeinen Sprachgebrauch auch »LoLa«.

Einen Ortsnamen mit »Lager« wollten viele Einwohner nach 1945 nicht mehr haben. Lager – der Begriff erschien ihnen zu negativ besetzt. 1956 kam es zur Namensänderung. Aus Lockstedter Lager wurde Hohenlockstedt. Einfach nur Lockstedt konnte man sich nicht nennen. So heißt von alters her die Nachbargemeinde.

Hohenlockstedt – mit der größten Landfläche aller Landgemeinden in Schleswig-Holstein – hat die Chance eines Neuanfangs nach Weltkrieg II genutzt. Entstanden ist ein moderner Ort mit freundlichen Wohnbezirken und Gewerbegebieten. Als Wirtschaftsstandort hat Hohenlockstedt einen guten Ruf. Drum herum ist viel erholsame Natur. Mit dem Störtal im Süden, mit Wäldern des Naturparks Aukrug im Norden.

* In: »Atlas des Kreises Steinburg – Innenansichten einer Region«; Verlag Hansen & Hansen, Münsterdorf. 2. Auflage, 1995.

Und jetzt: »Holo«

Die Schulkinder davor haben es dem fotografierenden Besucher spontan erzählt: *»Das ist die Holo-Uhr. Unser Wahrzeichen.«* Es ist ein sympathisches Wahrzeichen, dieser kleine Uhrenturm mitten in Hohenlockstedt. Und »Holo«-Uhr? Holo steht für Hohenlockstedt. So wie bis 1956 LoLa für Lockstedter Lager. Am Ortseingang war auf einem quer über die Straße gespannten Transparent zu lesen: *»Holo grüßt seine Gäste.«* LoLa, Holo – mit Abkürzungen hat man's hier.

Übrigens, Holo besitzt ein weiteres Wahrzeichen: den Wasserturm. Der stammt aus alten LoLa-Zeiten. Ein Signalball auf der Spitze des Turmes gab kund, daß Schießübungen stattfanden; in jenen Jahren bis 1918, als LoLa noch Truppenübungsplatz war. Der Signalball ist auch jetzt aufgezogen – geschossen wird nicht mehr, versprochen!

Die »Holo-Uhr«

Besuch noch im Rathaus. Hohenlockstedt ist selbstverwaltete Gemeinde mit hauptamtlichem Bürgermeister. Die Geschäfte der Amtsverwaltung – Amt Hohenlockstedt – werden von der Gemeinde gleich miterledigt. Das freistehende Rathaus, auf weiträumiger Grünfläche, flankiert von hohen Bäumen, ist in seiner geradezu »verspielt« anmutenden Architektur ansehenswert. Preußisch-militaristisch wirkt dieses Gebäude ganz und gar nicht. Und ist doch »von Preußen« errichtet, im Jahre 1889. Seine damalige Zweckbestimmung: Kommandantenhaus des Truppenübungsplatzes Lockstedter Lager.

Kartoffeliges

Im weiten, ebenen Land zwischen Hohenlockstedt und Silzen: ein riesiges, abgeerntetes Kartoffelfeld. Unschwer zu erkennen an ein paar letzten, noch nicht abgefahrenen, prallvollen Kartoffelsäcken. Hier, auf der flachen, sandigen Geest, auf der einstigen Lockstedter Heide, auf der - vom nahen Lockstedter Lager aus - früher Soldaten ins Manöver zogen, gedeiht sie gut, die Kartoffel. Sie hat noch immer ihren Rang im Anbaukanon der Landwirtschaft. Kartoffeln Steinburger Herkunft gelten zu Recht als qualitativ besonders hochwertige Markenware. Reverenz wird ihr auch erwiesen. Mit den publikumswirksamen »Pellkartoffeltagen«, die mit verschiedenen Veranstaltungen im Jahre 2001 bereits zum 6. Mal stattfanden, in Hohenlockstedt. Auch künftig werden alljährlich die »Pellkartoffeltage« veranstaltet, zur Kartoffelerntezeit. Das versichert Michael Meinicke, Sprecher der »Interessengemeinschaft Pellkartoffeltage«.
Derart mit Steinburger Kartoffelfragen befaßt, interessiert auch die Kartoffel-Vergangenheit. Zum Beispiel in Brokdorf. Dort sollen - nach Angaben im Heimatbuch des Kreises Steinburg*

Ausgebuddelt und eingesackt: Kartoffeln vor dem Abtransport

- um 1830 herum zahlreiche Branntweinbrennereien vorhanden gewesen sein. Dank des dortigen ausgedehnten Kartoffelanbaues. Was bedeutet, in den Destillen wurde Schnaps aus Kartoffeln gebrannt. Damals galt Brokdorf, nach Flensburg, als der bedeutendste Ausfuhrort für Hochprozentiges in ganz Schleswig-Holstein. 1840 kam die Kartoffelseuche ins Land und vorbei war's mit der Kartoffelschnapsbrennerei.

* Band II, Seite 186. Im Verlag J.J. Augustin, Glückstadt; 1925.

Ridders

Um 1850 galt Ridders als »wohlhabendes Dorf«. Mit allem, was zu einem solchen Dorf dazugehörte: Bauern, Kätner, eine Wassermühle, Wirtshaus, Schmiede, einige Handwerker, Schule, Armenhaus.

Dennoch mußte Ridders »sterben«, wurde »plattgemacht«. 1897/99 kaufte der Staat das Dorf komplett auf. Wer nicht freiwillig verkaufte, wurde enteignet. Widerspruch zwecklos. Die Einwohner mußten ihre Heimat verlassen.

Zweck dieser Dorfvernichtung: Das Gelände von Ridders wurde in das weiträumige Areal des Trup-

Der Mühlenbach fließt wie eh und je durch Ridders

Mit Baujahr 1925 eines der ältesten Häuser im »wiederauferstandenen« Ridders

penübungsplatzes Lockstedter Lager eingefügt. Soldaten im Manöver statt Bauern auf dem Akker. Bis 1918. Dann hatte der Truppenübungsplatz ausgedient, die weiten Flächen wurden aufgesiedelt. Auch Ridders entstand wieder. Nicht als Kopie des alten Dorfes, sondern als neue Siedlung.

Heute ist Ridders, zur Gemeinde Hohenlockstedt gehörend, ein kleines, gemütliches Dorf. Mit schmucken Häusern. Und mit einem Mühlenteich, wie damals, als es die Wassermühle noch gab. Der Mühlenbach, der einst diese Mühle trieb, fließt wie eh und je durch Ridders. Weiter südlich wechselt der Mühlenbach den Namen, wird zur Rantzau.

An Truppenübungsplatzzeiten erinnert kaum noch etwas. Außer vielleicht eine Brücke und eine Geländehöhe. Die heißen laut Landkarte »Moltke-Brücke« und »Moltke-Höhe«.

Bummel durch Hohenaspe

Ein sonniger, milder Oktobertag. In Hohenaspe, Montagmorgen, so um 11.00 Uhr: Vor dem Supermarkt stehen drei Frauen und halten Klönschnack. Mütter holen ihre »ABC-Schützen«-Kinder von der Schule ab. Der Schornsteinfeger geht von Haus zu Haus und steigt den Leuten aufs Dach. Am Garten-Center werden Büsche verladen. In der Sparkasse wird bei weit offener Tür eingezahlt und ausgezahlt. Herbstastern blühen in Vorgärten. Irgendwo muht eine Kuh. Ein rüstiger Rentner macht seinen Garten winterfest. Nur wenige Autos kommen des Weges. Eine beschauliche Stimmung.

Da läßt sich gut durch den Ort bummeln. Durch die Hauptstraße und die Bergstraße, durch den Drosselweg und den Storchweg, den Hamburger Weg und den Sandweg. Und auch durch die Dorfstraße, die sich – ungewöhnlich – nicht im Zentrum, sondern am (heutigen) Ortsrand, Richtung Drage, befindet. Fein gemacht hat sich Hohenaspe. Zum Beispiel mit rot gepflasterten Bürgersteigen. Und mit einem kleinen »Zentralplatz«. Dort wächst die Friedenseiche. Zum Andenken an den Frieden vom 10. Mai 1871, wie eine Steintafel kundtut. Davor eine amerikanische Eiche, deutlich kleiner, weil viel jünger. Gepflanzt aus Anlaß der deutschen Wiedervereinigung: 3. Oktober 1990. Das Hinweisschild »Schönes Dorf 1989« fehlt nicht, mit Ortswappen, versteht sich. Von gegenüber ist ein Glockenschlag zu hören, die »halbe Stunde« kündend. Die Kirchenglocken hängen gut sichtbar im offenen Glockenstuhl. Im Kirchenmauerwerk sind kleine Rundbogenfenster in tiefen Laibungen besonders auffällig.

Hohenaspe - *»ein ansehnliches Kirchdorf«* schrieben Schröder/Biernatzki in ihrer Topographie bereits im Jahre 1855. Das stimmt auch heute.

Natürlich hat man sich weiterentwickelt. Mit allen öffentlichen und privaten Dienstleistungen. Mit Handel und Gewerbe. Nicht zuletzt mit einem kommunal geschaffenen Gewerbegebiet. Auf 6,5 Hektar haben sich dort bis jetzt* 18 Betriebe verschiedenster Art angesiedelt. Eine Erweiterung ist angedacht.

* Stand: Oktober 2001

Der offene Glockenstapel und ein kleiner Platz in Hohenaspe

Die Scheune

Bevor der Mähdrescher erfunden war, bevor Gras- und Maissilage »entdeckt« wurden, benötigten landwirtschaftliche Betriebe Scheunen. Zur Unterbringung der Korngarben, die dann wintertags auf der Tenne gedroschen wurden. Auch zur Aufnahme großer Heumengen, Viehfutter in der weidelosen Winterzeit. Je größer der Hof, desto größer die Scheunen. Am größten auf den Gütern.

Wie auf Gut Mehlbek. Das einstige Herrenhaus, Schloß genannt, ist bereits vor langer Zeit abgebrochen. Erhalten blieb Mehlbeks Hofscheune

Das Taubenhaus und die große Scheune auf Gut Mehlbek

mit dem riesigen, tief herabgezogenen Reetdach. Eine der ältesten, größten und schönsten Scheunen in Schleswig-Holstein. Sie wurde 1710 errichtet, nachdem ein Brand sämtliche Wirtschaftsgebäude des Hofes vernichtet hatte.

Auf zwei Sandsteintafeln im Mauerwerk links und rechts der Haupteinfahrt sind die Namen der Erbauer zu lesen:

Damit die Tauben wissen, wo sie hin sollen: Die Spitze des Taubenhauses (rechts oben)

Gedenktafel für die Erbauerin

Links: »CHRISTIAN ERNST BARON VON REICHENBACH. ANNO 1710«
Rechts: »CATHARINA BARONESSE VON REICHENBACH GEBOHRNE VON REVENTLAU ANNO 1710«
Der alte Taubenturm auf dem Mehlbeker Hofgelände ist so etwas wie der kleine, niedliche »Kontrapunkt« zur stattlichen, mächtigen Scheune.

Himpten – Butterkarn – Reepschlägerbank

Reepschlägerbank im Dorfmuseum Ottenbüttel

Eine Mark Strafe sollten einige Heiligenstedter Bürger zahlen für jeden Himpen Korn, den sie in fremden Mühlen mahlen ließen. So steht es in einer Strafandrohung des Klosters Itzehoe vom 2. August 1775.* Anlaß der geharnischten Abmahnung: Die Heiligenstedter hatten den Mühlenzwang zur klösterlichen Mühle in Westermühlen anhaltend mißachtet.
Soweit eindeutig. Aber was ist ein Himpen?
Im Dorfmuseum in Ottenbüttel ist ein solcher Himpen (= Himpten) zu besichtigen. Ein altes Hohlmaß. Das so definiert wird: 1 Großer Himpten = ½ Faß = 4 Spint = ca. 35 Liter. In Korngewicht umgerechnet etwa 25 Kilogramm. Überhaupt steckt die weit mehr als 1200 Exponate umfassende volkskundliche Sammlung des Ottenbütteler Dorfmuseums voller interessanter Überraschungen. So läßt sich per Bild und Beschreibung erfahren, daß nicht nur Bauern und Kätner hier ihrer Arbeit nachgingen, sondern – zum Beispiel – auch ein Zigarrenmacher. Marx Tödt hieß der. Da die dörfliche Zigarrenmacherei wohl doch nicht den Mann (plus Frau und Tochter) gänzlich ernährte, hielt die Familie in ei-

nem angebauten Stall ein paar Ziegen und ein Schwein.
Ein sehr seltenes Stück ist die kleine Reepschlägerbank, auf der in handwerklicher Arbeit Seile hergestellt wurden. Und wer vermutet in einem Dorfmuseum eine Marienbibel aus der Zeit um 1650?!
Dann sind da der Butterkarn, der Kleesaatstreuer, die Petroleumkanne, die alte Post, die umfangreiche Darstellung der Historie Ottenbütteler Institutionen und Vereine, die Handwerkszeuge, die Schusterwerkstatt, die Wohnkammer mit komplett gefülltem Aussteuerschrank, historische Urkunden, alte Land- und Flurkarten, die Fotodokumentation (Alt-)-Ottenbüttel und, und, und. Das Ottenbütteler Dorfmuseum mit umfangreichem Archiv wurde geschaffen und wird betreut von der Ottenbütteler Bürgergilde e.V., Abteilung Dorfchronik. Geöffnet ist jeden 1. Sonntag im Monat sowie nach telefonischer Terminvereinbarung. Telefon 04893-561 oder 1075.

* Angaben zur »Strafandrohung« entnommen aus »Ottenbütteler Chronik-Bildband«, von Karl-Heinz-Lohse, 1994. Herausgeber: Gemeinde Ottenbüttel.

Butterkarn

Gut Krummendiek

Vormals lag Gut Krummendiek im Dorf Krummendiek oder jedenfalls ganz nahe daran. 1657 haben die Schweden das Gut niedergebrannt. Die damaligen Gutsbesitzer zogen um, auf ihren Meierhof Lütjenrade. Den erklärten sie zu ihrem neuen Haupthof, zum adeligen Herrensitz. Der Name des schwedisch in Schutt und Asche gelegten bisherigen Anwesens wurde – sozusagen – mit umgezogen. Aus dem Meierhof Lütjenrade wurde das Gut Krummendiek. Dabei ist es geblieben. Und deshalb liegt dieses alte adelige Marschengut etwas näher an Rahde und Kleve als am Dorf Krummendiek.
Vor allem aber liegt Gut Krummendiek ganz für sich, geradezu etwas versteckt, zu erreichen über

eine schmale Stichstraße. So wie es typisch war und ist für Güter im Holsteinischen, wozu ja auch Steinburg gehört. Typisch ist auch die Anlage des Gutes: Mit umgebenden Gräben, der Brücke darüber, das Torhaus mit Durchfahrt, dahinter der innere Gutshof, zurückgesetzt das Herrenhaus, zur rechten Seite ein Wirtschaftsgebäude. Keine Frage, die Hofanlage von Gut Krummendiek ist alt und hat etwas vom Zauber längst vergangener Zeiten. Auch wenn die heutigen Gebäude – relativ – jünger sind. Das einstöckige Herrenhaus wurde 1810 bis 1812 errichtet. Das Torhaus mit seinem Dachreitertürmchen ist auf die Jahre 1745 bis 1748 datiert.

Das Geschlecht derer von Krummendiek und folgende

Für »gewöhnliche«, sprich für bürgerliche Anwesen wird die Geschichte in aller Regel ja nicht seit sechs Jahrhunderten notiert. Für adelige Güter ist das anders. Da wird gewissermaßen Buch geführt. Vor allem darüber, wer wann und wieso Eigentümer war.
Zum Beispiel Gut Krummendiek. Ursprünglich gehörte das Gut der Familie Krummendiek oder auch Crummendike.* Wobei gerätselt werden darf, ob jene Familie ihren Namen vom Dorf und Gut Krummendiek entlehnt hat, oder umgekehrt, Dorf und Gut nach der Familie benannt wurden. Die Bedeutung des Namens erscheint hingegen klar: »Krummen« steht für krumm, gekrümmt und »Diek« ist niederdeutsch und heißt hochdeutsch Deich. Also: Das Gut Krummendiek gehörte der Familie vom krummen Deich. Egal, das ist ohnehin lange her, runde 600 Jahre. Denn bereits um 1410 soll das Gut verkauft worden sein, an Cay von Rantzau. Bei den Rantzaus blieb Krummendiek bis 1533. Dann folgten die von Sehestedts mehr als 100 Jahre lang. Sodann ab 1642 die von Ahlefeldts. Um 1680 wird Witwe Margarete von Ahlefeldt als Eigentümerin genannt – eine geborene von Rantzau. Sie vererbte Krummendiek ihrer Schwester Dorothea, verheiratete von Buchwaldt.

Auf Gut Krummendiek

Womit die von Buchwaldts Eigentümer auf Krummendiek wurden.
So war das eben, im Erbwege, durch Heirat, gelegentlich durch Kauf blieben die Güter hierzulande oft über Jahrhunderte beim uralten holsteinischen Adel: Rantzau, Sehestedt, Ahlefeldt, Buchwaldt.
Anno 1696 ließ sich ein Herr von Buchwaldt im Duell erschießen. Gut Krummendiek erbte seine Witwe. Die sich wieder verheiratete. Erst mit einem Obersten von Daldorf, dann mit einem Grafen von Dernath. Im adeligen Besitz blieb das Gut auch in der Folge. Als Eigentümer sind notiert: von Hammerstein und von Meurer. Dann aber wurde es bürgerlich. 1897 übergab Baron von Meurer Gut Krummendiek an sein Pflegekind H. Holst.** Im Besitz der Familie Holst ist das Gut noch immer, nunmehr in der vierten Generation und bereits seit 105 Jahren. Der heutige Senior Hugo Holst (3. Generation): *»Mein Sohn und seine Frau haben ja zwei Kinder, die 5. Generation. So hoffe ich, daß auf Gut Krummendiek auch in der Zukunft die Familie Holst wirtschaftet.«*
Vorerst ist mit der vierten Generation noch Klaus-Werner Holst »an der Reihe«. Schwerpunkt des landwirtschaftlichen Betriebes ist nach dessen Auskunft Milchviehhaltung mit Nachzucht.

* Personen- und Zeitangaben nach Schröder/Biernatzki »Topographie der Herzogthümer Holstein und Lauenburg«, erster Band, 2. Auflage. 1855.

**Auskunft Hugo Holst auf Krummendiek

»Doppelblick«

Doppelblick auf dieser Doppelseite:
Links die Bekau, rechts die Stör

Bei Bekmünde. Dort, wo die Bekau die Stör erreicht. Von der Krone des Stördeichs der Doppelblick: links die Bekau, rechts die Stör. Schöne, typische Steinburger Landschaft.

Schlittenfahrt mit Folgen

Präbendenhaus Heiligenstedten

Der eine tut Gutes einfach so. Der andere bedarf eines besonderen »Anstoßes«. Wie Balthasar von Ahlefeldt, seines Zeichens Schloßherr auf Heiligenstedten. Damals, vor rund 360 Jahren. Besagter Herr von Ahlefeldt war eines Winters mit dem Pferdeschlitten - vermutlich vom Pferdeschlittenkutscher gelenkt - unterwegs. Über das Eis der zugefrorenen Eckernförder Bucht. Sei es, daß man die Tragfähigkeit des Eises überschätzt hatte, sei es, daß es »dünne Stellen« gab - der Schlitten samt Insassen drohte einzubrechen und zu versinken. Balthasar von Ahlefeldt (der Kutscher wohl auch) litt Todesängste. In dieser Not tat er ein Gelübde: Ein Präbendenstift* zu bauen für Gutsuntergehörige auf Heiligenstedten.

Der Heiligenstedter Guts- und Schloßherr kam heil wieder an Land - und hielt Wort. 1638 stellte er die finanziellen Mittel bereit zum Bau des Präbendenstiftes in Heiligenstedten für »16 betagte, würdige Leute«.

1657 von den Schweden niedergebrannt, wieder aufgebaut und - nach Erlöschen der Stiftung - 1951 von der Gemeinde übernommen, dient das Gebäude seit 1968 erneut als Präbendenhaus. Und erinnert an Balthasar von Ahlefeldt und an seine Schlittenfahrt mit Folgen.

* Präbende vom lateinischen »praebendum« = »das zu Gewährende«. Hier im Sinne von Gewährung von Unterkunft, Unterhalt für Arme, Alte, Kranke.

Schloß Heiligenstedten

Ferner Blick auf Schloß Heiligenstedten

»Das Schloß« sagen die Leute im Ort, *»steht zum Verkauf.« »Zur Versteigerung«*, fügt einer hinzu. Und murmelt dann noch, als ob's ihm peinlich ist: *»Zwangsversteigerung.«**
Nun ja, dergleichen kommt vor. Und es ist ja auch nicht das erste Mal. Nach dem Tod der Adelheid von Ahlefeldt, die das Anwesen 1691 von ihrem verstorbenen Mann geerbt hatte, wurde auch auf Konkurs erkannt. Damals fand sich ein Käufer: Otto von Blome, der 1741 für 122.300 Reichstaler Eigentümer wurde. Womit Heiligenstedten - Konkurs hin, Konkurs her - in der Familie blieb. War doch die den Konkurs verursachende Adelheid von Ahlefeldt eine geborene von Blome gewesen. Bis 1926 blieben die von Blomes im Besitz von Schloß und Gut Heiligenstedten. Auf dem Friedhof an der Kirche, drüben auf der anderen Störseite, liegt ein Begräbnisplatz dieser Familie, mit einem Blomeschen Wappenstein.
Heutzutage ist es wohl schwieriger, einen zahlungskräftigen Käufer für ein solches Schloß samt Nebengebäuden und umgebendem Wassergraben zu finden. Zur Nutzung als Einfamilienhaus ist es schließlich reichlich zu groß. Die Heiligenstedter erzählen, ein Versteigerungstermin sei bereits ohne Ergebnis geblieben, kein akzeptables Angebot. *»Irgendwie wird es schon weitergehen«*, meint ein Mann, der bekundet: *»... früher habe ich da gearbeitet.«*

* Stand: Oktober 2001.

Die Kirchenuhr

Blome'scher Wappenstein
auf dem Friedhof Heiligenstedten

Irgendwie ist es auf Heiligenstedten ja immer »weitergegangen«. Mindestens seit Ende des 14. Jahrhunderts, als die von Krummendieks hier das Sagen hatten. Es folgten, wie das so war auf den großen Gütern, die von Ahlefeldts, zwischendurch die von Rantzaus, wieder von Ahlefeldts, dann von Blomes - siehe oben.
Zu besichtigen, drinnen wie draußen, ist Schloß Heiligenstedten für Unbefugte (das sind so ziemlich alle) derzeit nicht.* Da sind eiserne Gittertore davor. So bleibt es bei einem Blick aus der Ferne.

* Stand: Oktober 2001.

Einen hochragenden Turm besitzt die Kirche zu Heiligenstedten nicht, nur - separat stehend - einen hölzernen Glockenstapel. Wohin also mit einer weithin sichtbaren Kirchenuhr? Man wußte sich zu helfen. Aufs Dach wurde ein kleines, viereckiges, verbrettertes Dachreitertürmchen montiert. Platz genug für die großen Zifferblätter der Uhr, die mit goldenen römischen Ziffern und ebenso goldglänzenden Zeigern die Zeit anzeigt. Zu einer kompletten Kirchenuhr gehört auch eine Uhrglocke. Auch die kam auf den Dachfirst. Freistehend, schlägt sie nicht nur

hör-, sondern auch sichtbar, zu jeder halben und vollen Stunde. Schließlich das Uhrwerk. Das befindet sich oben auf dem Kirchenboden. 1903 wurde es gefertigt. Schöne, einhundert Jahre alte Messingmechanik, vom Küster betreut und gewartet. Dahinter hängen schwere Kontergewichte, unverzichtbar, soll die Uhr genau gehen. Unter den Gewichten ist eine Kiste mit Sandfüllung aufgestellt. Für »alle Fälle«. Sollte nämlich einmal ein Gewicht herabfallen, würde es – ohne auffangendes Sandbett – die Bodendecke wohl durchschlagen und im Kirchenschiff landen.

Das Uhrtürmchen
und das Uhrwerk der
Heiligenstedtener Kirchenuhr

Übrigens, zu einer Kirchenführung für Besuchergruppen* gehört auch der Aufstieg auf den Boden zum Uhrwerk.

* Anmeldung und Terminabsprache über Kirchengemeinde Heiligenstedten, Telefon 04821-75120.

Kirchenglanz

Blick durchs Kirchenschiff auf den Altar der Heiligenstedtener Kirche

Eine tiefstehende Sonne scheint - von der Störseite - durch die hohen Fenster der Kirche zu Heiligenstedten, läßt das Kircheninnere wie im festlichen Glanz erstrahlen: die Balkendecke, das Gestühl mit den Eingangstüren, die Madonna im Strahlenkranz und den Flügelaltar von 1580.

»Schlafendes« Land

Wintertag ohne Schnee

Ein schneeloser Januar-Wintertag der Sorte »atlantikmild«: sechs Grad plus, bedeckter Himmel, trocken, leichter Wind. Wetter für eine Wandertour im weiten Feld zwischen Ridders und Peissen.

Die Natur hält Winterruhe. Keine Blume blüht, kein Blatt an Busch und Baum. Kein Vogel singt. Kein Korn reift. Kein Vieh auf den Weiden. Ein »schlafendes« Land, still und ein wenig einsam. Mit Bildern voller verhaltener Melancholie.

... und noch immer die Rantzaus

1521 hat Johann Rantzau das Gebiet Breitenburg vom Kloster Bordesholm gekauft. Womit die Rantzau'sche Epoche auf Breitenburg begann. Die bis heute anhält. Noch immer »sitzen« die Rantzaus auf der ab 1530 erbauten, im 30jährigen Krieg niedergebrannten und zerstörten, wieder entstandenen, an- und umgebauten, renovierten Breitenburg, Schloß genannt. Weil die Größe des schon früh zugehörigen Landes die Bezeichnung »Herrschaft« ergab. Zu einer Herrschaft gehört eben ein Schloß. Und überhaupt waren die Rantzaus stets sehr bedeutende Leute. Statthalter des dänischen Königs in schleswig-holsteinischen Herzogtümern, unter anderem. Uralter Adel »von Anfang an« sowieso.

Schloß Rantzau

Hennig von Rumohr hat geschrieben* , sie – die Rantzaus – gehören zu den »*Originarii*«, das heißt, zu den »Ursprünglichen«. Der Henning von Rumohr kannte sich bestens aus mit dem schleswig-holsteinischen Adel. Die von Rumohr gehören schließlich auch zu den »*Originarii*«. Von denen einige Geschlechter, wie Rumohr anmerkt, »*bis heute blühen*« und ihre Stammreihe teilweise lückenlos bis zum Jahre 1200 zurückverfolgen können. Da staunt unsereins. Also: die von Rantzaus. Herren auf Breitenburg seit Jahrhunderten, von 1521 bis heute. Zitat

* In »Schlösser und Herrensitze in Schleswig-Holstein und Hamburg«; Verlag Wolfgang Weidlich, 1960.

auf einer Infotafel: *»Bis heute befindet sich das Schloß im Besitz der Grafen zu Rantzau.«*
Zwischendurch gab's allerdings einmal Probleme. Fast wäre es vorbei gewesen mit den Rantzaus auf Breitenburg. 1726 - so heißt es - zieht der König (der dänische), als zu der Zeit oberster Landesherr auch in schleswig-holsteinischen Landen, mit der Grafschaft Rantzau auch die Breitenburg ein. Einziehen heißt, die Rantzaus wurden enteignet, der König Eigentümer. Dergleichen geschah selbst damals nicht ohne Grund. Den lieferten diese Vorkommnisse: Graf Christian Detlev Rantzau (1670-1721) beleidigte in Berlin den König (den preußischen). Er kam deshalb in Spandau in Haft. Nach seiner Entlassung wurde er auf der Jagd meuchlings erschossen.
Gemunkelt wurde - wohl nicht bewiesen - sein Bruder sei an dem Mordkomplott beteiligt gewesen. Öffentlich geköpft wurde für den Mord am 29. Juli 1725 auf dem Paradeplatz in Rendsburg allerdings der Hauptmann Detlef Prätorius. Aber die Verwicklung in diese Brudermordgeschichte reichte, um den Rantzaus die Breitenburg zu nehmen.
Ein Glück, daß es die Schwester der beiden Grafen Rantzau (des lebenden und des ermordeten) gab. Catharine Hedwig mit Vornamen und verheiratete Gräfin Castell-Rüdenhausen. Sie er-

Wappenstein auf Schloß Rantzau

Der Brunnen

Der Brunnen im Schloßhof von Rantzau und seine Details

Keine Frage, Heinrich Rantzau (1526–1598) war ein bedeutender Mann. Bekannt ist er hauptsächlich als Statthalter des Königs von Dänemark. Zuerst über den Anteil der Krone an Schleswig und Holstein, später auch über den gemeinsam mit dem Gottorfer Herzog zu verwaltenden Anteil. Der weltgewandte Heinrich Rantzau hatte in Wittenberg studiert, einige Jahre am Hof Kaiser Karls V. gelebt, Reisen unternommen. Er war Diplomat, Gelehrter, Sammler, Kunstliebhaber, vielfacher Bauherr, Humanist und Mäzen von europäischem Rang. Und mehrfacher Gutsbesitzer.
Nicht zu vergessen: Heinrich Rantzau war ein »echter« Steinburger, geboren auf der Steinburg!

reichte beim König (dem dänischen), daß Breitenburg an sie zurückgegeben wurde. In das Familienvermögen der Castell-Rüdenhausen ist Breitenburg nicht einverleibt worden. Wie's weiterging, beschreibt Henning von Rumohr wie folgt: »*Sie* (die Gräfin Castell-Rüdenhausen) *vererbte es auf ihre Tochter, die wiederum auf ihre Tochter, die mit Graf Friedrich Rantzau auf Ahrensburg verheiratet war. So gelangte Breitenburg 1761 wieder in den Besitz der Rantzaus.*«
Dabei ist es geblieben. Glückwunsch!

Sein Lieblingsdomizil, zusammen mit seiner Frau Christina von Hale, Erbtochter zu Rinteln und Drakenburg, war die Breitenburg. Die hatte sein Vater Johann Rantzau (auch auf der Steinburg geboren) errichten lassen. Heinrich Rantzau hat die Anlage zu einem repräsentativen Gebäudekomplex erweitert. Unter anderem auch die Schloßkapelle und einen dem Hauptschloß vorgelagerten (heute nicht mehr vorhandenen) Turm hinzugefügt.

Er ließ 1592 auch den Ziehbrunnen graben. Wohl nicht zur Zierde des Schloßplatzes, sondern vermutlich aus höchst praktischer Notwendigkeit: Ohne genügend Wasser wäre auch im schönsten Schloß kein Leben möglich gewesen.

Die Sandsteinbrüstung des Brunnens wurde nach der Zerstörung von 1627 erneuert. Die dekorative schmiedeeiserne Laube darüber mit ausgesägten Figuren der »Wilden Jagd« datiert aus dem Jahre 1632.

Heute ist der Ziehbrunnen auf dem Schloßplatz von Breitenburg ohne (Wasser-)Funktion, aber ein wahres Schmuckstück. Dehio* schwärmt: *»Unter den wenigen Kunstbrunnen im Lande der schönste.«*

* Georg Dehio: »Handbuch der deutschen Kunstdenkmäler. Hamburg/Schleswig-Holstein.« Deutscher Kunstverlag; 1994.

»Wohnt da ein König?«

Schlösser und stattliche Herrenhäuser sind eigentlich nicht mehr »zeitgemäß«. Zu groß, oft auch zu viele repräsentative Räume, um sie heute wirtschaftlich nutzen zu können. Die Kosten für Bauunterhaltung und -pflege sind zumeist enorm. Ob öffentliche oder private Eigentümer – sie müssen sich in der Bewirtschaftung der Gebäude und der zugehörigen Flächen manches »einfallen lassen«, um die erforderlichen Mittel zu verdienen. Was nicht immer gelingt. Selbst das traditionsreiche Schloß Plön (»drüben« in der Holsteinischen Schweiz) wurde von der Landesregierung Schleswig-Holstein verkauft. Das Land konnte und wollte die hohen Kosten für dringend anstehende Renovierungen nicht mehr leisten. Schloß Heiligenstedten, hier im Kreise Steinburg, steht zum Verkauf. Zwei Beispiele, es gibt weitere.

Um so mehr freut sich der Besucher, auf Breitenburg ein strahlend schönes, weißes, gut gepflegtes Schloß bewundern zu dürfen. Das umliegende Areal bildet den ebenso gepflegten wie stilvollen Rahmen.

»Wohnt da ein König?« fragte mit deutlich bewundernder Stimme ein etwa fünfjähriges Mädchen auf dem Schloßplatz. Ein König nicht, aber die gräfliche Familie zu Rantzau. Der sei gedankt, daß sie mit der Breitenburg nicht nur sich, sondern auch kleinen Besuchermädchen und uns allen ein wahres »Märchenschloß« erhält.

»Märchenschloß« Rantzau

Pferdeland

12.621 Pferde weist die Viehzählung des Jahres 1900 für den Kreis Steinburg aus. Im Dezember 1965 waren es nur noch 1337. Dr. Gloy schrieb 1967 im »Steinburger Jahrbuch«: *»Als nahezu tragisch kann man das Verschwinden der Pferde in den letzten 10 Jahren bezeichnen.«* Die Trekker hielten Einzug in den landwirtschaftlichen Betrieben. Das Pferd als »Zugkraft« wurde nicht mehr benötigt, verschwand mehr und mehr aus dem Landschaftsbild.

Dann begann die »Pferde-Renaissance«. Nicht vor Pflug und Erntewagen, versteht sich, sondern jetzt für den Pferdesport in den unterschiedlichen Disziplinen. Und auch ohne große sportliche Ambitionen »einfach so« zum Freizeitreiten. Pferdezucht und -haltung erlebten und erleben einen enormen Aufschwung.

Die pferdesportlichen Veranstaltungen im Kreis sind alljährlich Höhepunkt für Züchter und Halter, für Reiterinnen und Reiter, für das große, sachverständige »Umfeld«, für viele, viele Zuschauerinnen und Zuschauer.

Beispiele: Das berühmte, traditionsreiche, mehrtägige Reitturnier in den Anlagen um das Breitenburger Schloß. Der Geländeritt vom Reit- und Fahrverein Wilster. Das Reitturnier in Herfart des Reitvereins Kremperheide/Krempe und Umgebung. Das Sommerreitturnier Heisch der Reit- und Fahrschule Kellinghusen. Die Hubertusjagdfahrt der Steinburger Gespannfahrer. Der Geländeritt des Reit- und Fahrvereins Nutteln. Und so fort.

Für manchen Pferdefreund aber bleibt dieses das schönste Bild: Eine ruhig weidende Herde auf grüner Wiese.

Breitenberg – im angenehmen Abseits

Breitenberg – bitte nicht verwechseln mit Breitenburg – ist ein kleiner Ort wohltuender Ruhe. Weil es keinen, aber auch gar keinen Durchgangsverkehr gibt. Die Stör, die sich am nördlichen Dorfrand kurvenreich durch die Niederung windet, ist die perfekte Straßensperre. Die Landstraße – L 115 – führt ein paar hundert Meter südlich am Ort vorbei. Als Ortszubringer Breitenberg fungiert eine Stichstraße. Links und rechts ist Landschaft, sonst nichts.

Die Kirche zu Breitenberg

nen überrascht der hohe Altar mit integrierter Kanzel und barocken Schmuckelementen. Bemerkenswert ist die historische Sauerorgel. Zitat aus dem Faltblatt »Evangelisch-lutherische Kirchengemeinde Breitenberg«: *»Da das pneumatische Instrument als einziges noch original erhalten ist, stellt diese romantische Orgel ein absolutes Kleinod dar.«*

An der Stör bei Breitenberg

Der Korb des barocken Kanzelaltars in der Breitenberger Kirche

Wo sonst kann man in einer solchen Oase der Ruhe wohnen? Das Ortsbild wird denn auch von hübschen Einfamilienhäusern dominiert. Zur Großgemeinde will sich Breitenberg offenbar aber lieber nicht entwickeln (das könnte ja auch zuviel Unruhe bringen). Per 31. März 2001 waren lediglich 397 Einwohner gemeldet.

Der geruhsame Spaziergang auf dem Stördeich ist natürlich auch für Gäste, nicht nur für Einheimische frei. Eine Breitenberger Besonderheit ist die achteckige Kirche, gebaut 1764–1768. In-

Lägerdorfs »weiße Erde«

Die Rede ist vom Kreidemeer. Was nicht stimmt. Dieses Urmeer vor rund 100 Millionen Jahren war ein richtiges Meer, bestand aus Wasser, mitnichten aus Kreide. Nur lagerten sich in diesem tropischen Urmeer vor allem winzige Kalkplättchen planktischer Algen in unvorstellbaren Mengen am Meeresboden ab. Dazu die hellen Schalen abgestorbener Muscheln und anderer Schalentiere. Schicht auf Schicht kamen in Jahrmillionen aufeinander. Bis die zusammengepreßte Ablagerung eine Mächtigkeit von bis zu 400 Metern erreichte. »Die Kreide« war entstanden.

Kreideabbau in Lägerdorf: Alte Abbaugruben sind mit Grundwasser vollgelaufen

Mit dem Begriff Kreidezeit gibt sie einem Erdzeitalter den Namen. Das riesige Urmeer verschwand. Bis auf Reste wie Nord- und Ostsee. Durch Verwerfungen in den Erdschichten, unter anderem durch Hebung von aufsteigenden Salzstöcken, kam die Kreide in die heutige Lage. Auf Rügen und auf der dänischen Insel Moen zum Beispiel als imposante Kreideküste.
Ganz so – im Wortsinn – »herausragend« hat es die Kreide von Lägerdorf nicht geschafft. Weshalb Lägerdorfs Kreidelagerstätten nicht, wie auf Rügen, zur weltbekannten Touristenattraktion

Klein begonnen

Seit 1737 wird in Lägerdorf Kreide abgebaut und verwertet, berichtet der »Atlas des Kreises Steinburg«, 2. Auflage aus 1995.* Entdeckt wurde die Kreide hier 1781, meinte hingegen Pastor Johannes Kähler aus Stellau im Jahre 1905 in seinem Buch »Das Stör-Bramautal«.

Also wird mit Sicherheit seit dem 18. Jahrhundert in Lägerdorf »auf Kreide gegraben«. Anfangs wirklich gegraben. Denn eines der mächtigsten Kreidevorkommen Europas reicht hier an manchen Stellen bis fast an die Erdoberfläche. Pastor Kähler: *»Viele Bewohner in Lägerdorf und Schinkel gruben planlos auf ihrem Lande und* avancierten. Weil die Lägerdorfer Kreide durch die Kräfte der Natur aber eben doch bis knapp unter die Oberfläche »aufgestiegen« ist, konnte sie in anderer Form wirtschaftlich genutzt werden. Die Lägerdorfer Kreidegruben mit den daraus resultierenden Zementfabriken sind geradezu legendär. Aus einem ursprünglichen Bauerndorf entstand dank der »Witteer«, der »weißen Erde«, ein weitbekannter Industriestandort.

* Verlag Hansen & Hansen, Münsterdorf

Industriestandort Lägerdorf

verkauften die etwas verfeinerte Kreide als Schulkreide.« Schröder/Biernatzki notierten im Jahre 1855 in ihrer »Topographie der Herzogthümer Holstein und Lauenburg«: *»Viele der Eingesessenen treiben einen starken Handel mit Weißerde oder Kreide, welche hier fast überall gefunden und nach Hamburg, Bremen und anderen Städten versandt wird.«*
Bei den Heimmanufakturen der einheimischen Lägerdorfer blieb es nicht. Auswärtige Industrielle kauften Land und damit Kreidelagerstätten, errichteten Zementfabriken. In der Zementproduktion ist Kreide ein entscheidender Bestandteil. Noch mal Pastor Kähler: *»1862 errichtete Fewer hier die erste englische Zementfabrik.«*

Alsen'sche Tonkuhle

Der Irländer Ed. Fewer produzierte in Lägerdorf nach dem Patent des Engländers Aspdin zusammen mit dem Sohn des Erfinders den sogenannten Portland-Zement. Friedrich Hansen schrieb dazu in seinem Bericht »Im Zeichen der Kreide«: *»Der Betrieb war zunächst nur klein. Da damals aber Zement hoch im Preise stand (14–16 Hamburger Mark für das Faß = 170 kg) so entwickelte sich die Anlage.«**

* In »Heimatbuch des Kreises Steinburg«, II. Band. Verlag von J.J. Augustin; Glückstadt, 1925.

Ton muß sein

Die Erdgeschichte hat es gut gemeint mit den Steinburgern, oder - richtiger gesagt - mit den Zementherstellern. Denn nicht nur mächtige Kreidelagerstätten sind vorhanden, sondern, dicht dabei, auch große Tonvorkommen. Kreide allein reicht nämlich nicht, will man Portland-Zement herstellen. Ton muß dazukommen. Unter dem Stichwort »Rohstoffsicherung« kauften die Fabrikherren beizeiten nicht nur Ländereien, unter denen Kreide liegt, sondern auch Flächen, auf denen Ton abgebaut werden kann. Bereits 1888 erwarb »Alsen« die zwei ersten Bauernhöfe mit reichen Tonvorkommen in Wacken. Zitat: *»Dank weitsichtiger Politik der Vorstände gehörten bald so große Ländereien zu Alsen, daß die Versorgung des Werkes mit Kreide und Ton für viele Jahrzehnte sichergestellt war.«* *

Bis 1965 wurde in den Alsen'schen Tongruben bei Wacken/Agethorst Ton abgebaut. Ab 1908 transportierte eine Drahtseilhängebahn den Ton zum Werk Itzehoe. Zitat: *»Dieser (...) Ingenieurbau erregte in der Öffentlichkeit viel Aufsehen. Mit einer Länge von 12 Kilometern war sie die längste Seilbahn Europas.«* * Die maximale Abbautiefe in der Grube betrug ca. 55 Meter. Die Baggerabbauwände hatten eine Neigung von 45 Grad.

Heute ist das Gelände der ehemaligen Alsen'schen Tonkuhlen von Wacken/Agethorst ein wahres Naturparadies. Ein Refugium für Flora und Fauna. Da angeschnittenes Grundwasser und Niederschlagswasser nicht mehr abgepumpt wird, hat sich ein See gebildet. Seine Tiefe wird mit »über 40 Meter«** angegeben. Haubentaucher, Wildenten, Teichhuhn und Bläßhuhn haben hier eine sichere Heimstatt. An Böschungskanten aus reinem Ton leuchten die orangen Früchte des Sanddorns.

* Zitate aus der Jubiläumsschrift »1863-1963 - 100 Jahre Alsen« - Alsen'sche Portland-Cement-Fabriken KG.

**Tiefenangabe aus der Infoschrift »Rohstoffgewinnung und Umwelt in Norddeutschland«. Herausgeber: Arbeitsgemeinschaft für Landschaftspflege und Rohstoffsicherung e.V. (ohne Jahresangabe).

Freundliches Lägerdorf

Lägerdorf ist Industriestandort. Wie schon von weitem durch hochaufragende Produktionsanlagen erkennbar: Kreide und Zement, Zement und Kreide.
Wer nun meint, Lägerdorf sei industriegrau, sei zementstaubverschleiert oder kreideweiß überhaucht, der irrt. Nichts von alledem. Diese amtsfreie 3000-Einwohner-Gemeinde ist vielmehr blütenbunt, farbenfröhlich, hell und freundlich.

*Keineswegs industriegrau und staubig:
Die gepflegten bunten Gärten gehören ebenso zu
Lägerdorf wie seine freundlichen Einwohner*

Anti-Streß-Programm

... und immer wieder die Landschaft! Nicht spektakulär und doch großartig, in ihrer unvergleichlichen Harmonie, ihrer Ruhe.
Natur zum Entspannen, zum beschaulichen Sehen, zum wahren Abschalten von aller Hektik, vom Streß des Alltags.

In Steinburgs Südosten: Horst

Horst liegt in Steinburgs Südosten, nahe der Kreisgrenze zum Nachbarkreis Pinneberg und ziemlich dicht an Elmshorn. Von Elmshorn bis Hamburg ist es nur noch der sprichwörtliche »Katzensprung«, zusätzlich erleichtert durch S-Bahn-Anbindung zur großen Elbmetropole. Mit anderen Worten: Horst kann getrost zum erweiterten »Ring um Hamburg« gerechnet werden, zumal Autobahnanschluß gegeben ist.
So eine Lage zeigt Wirkung. Hinsichtlich wirtschaftlicher Prosperität und – wie man sagt – »Siedlungsimpulse«. Gewerbegebiete und moderne Neubausiedlungen sind entstanden. Plus Schulen, Sportplätze, Freibad. Horst ist Sitz der Amtsverwaltung und – in der Sprachregelung der Landesplaner – »Ländlicher Zentralort«.

Vielfältige Eindrücke aus Horst

Allerdings war Horst auch früher nicht klein und unbedeutend. Schröder/Biernatzki schreiben 1855 in ihrer Topographie: *»Horst, ein volkreiches, ansehnliches Kirchdorf...«* Im Jahre 1871 wurden bereits 2182 Einwohner gezählt.
Horst ist heute eine sympathische Mischung aus aktiver Moderne und gemütlichem Gestern. Mit lebhaften, den Ort querenden Landesstraßen einerseits, mit beschaulichen Nebenstraßen andererseits. Zur Kategorie beschaulich-gemütlich gehört die Bahnhofstraße, eine Allee mit kleinformatigem Blaubasaltpflaster. Zum (alten) Bahnhof führt diese Straße nicht mehr. *»Der ist«*, erklärte ein laubharkender Anwohner dem Besucher, *»an Privat verkauft.«*

Drei Kirchenkostbarkeiten

Wenn die Sonnenstrahlen auf das Turmfenster der Kirche von Hohenfelde treffen, erstrahlt die Verglasung in rot-goldenem Glanz. Der alte, eisenbandbeschlagene Opferstock, der im Turmeingang steht, wird von diesem geradezu festlichen Licht gleich mit beschienen.
Das Hohenfelder Turmfenster wurde 1961 von dem Lübecker Wilhelm Berkentin geschaffen. Jedes der Symbole hat seine christliche Bedeutung. Die drei Fische zum Beispiel erinnern daran, daß die ersten drei Jünger Christi Fischer waren. Auch daran, daß die im Römischen Reich

Im Licht der Glasfenster: der historische Opferstock

verfolgten Christen das Zeichen eines Fisches benutzten, um sich einander zu erkennen zu geben.
Im Schiff der Backstein-Saalkirche schwebt der 1735 gestiftete, geschnitzte Taufengel, die Taufschale auf einem Lorbeerkranz in Händen haltend.
Das moderne Fenster, der historische Opferstock, der barocke Taufengel - drei Kirchenkostbarkeiten!

Der Taufengel der Kirche zu Hohenfelde

Ausschnitte aus dem Turmfenster der Hohenfelder Kirche

Das Rathaus von Krempe

Um 1230 gegründet, 1234 erste (urkundliche) Erwähnung, bereits 1271 durch Graf Gerhard I. das lübische Stadtrecht zuerkannt. Das nennt man eine rasante Entwicklung. Sozusagen »aus dem Stand« zur Stadt. Dafür benötigen andere Orte Jahrhunderte. Die Rede ist von Krempe – dem »Herz der Krempermarsch«.

In den folgenden Jahrhunderten ging es weiter aufwärts mit der kleinen Stadt, die zum wichtigen Ausfuhrhafen wurde. Oldekop* schreibt: *»... nach dem Krämereibuche ›hatte die Stadt Kaufleute, welche nach Spanien, Portugal, Frankreich, Engelandt, Hollandt, Bremen, Stade, Hamburg usw. Schiffe konnten abschiffen. So lieffen auch unsere Schiffe auf Cadix und Archangel ab (...)‹.«*

Krempe war wohlhabend. Und zeigte es. Mit dem prächtigen Renaissance-Rathausbau von 1570. Dem Hoch folgte das Tief. Vor allem enorme Kriegsfolgen und -lasten, die verminderte Schiffbarkeit der Kremper Au und die Abwanderung des Seehandels nach Glückstadt führten zum Niedergang. Krempe kam – wie man so sagt – »in die Miesen«. Derart, daß 1695/96 die Regierung den Konkurs über die Stadt erkennen mußte. Sogar das Rathaus wurde öffentlich verkauft. Die Sache mit dem Rathaus kam wieder in Ordnung. Schröder/Biernatzki** notierten: *»... das Rathhaus ... ward jedoch späterhin*

Crempe 1855

»Crempe, Stadt in Holstein, in der Cremper-Marsch und an der Cremper-Aue, wodurch die Stadt bis 1627 Stapelort des Kornhandels der Umgebung war; jetzt ist die Cremper-Aue verschlammt; bürgerliche Gewerbe. 1171 Einwohner.«

(Aus: *»Ritter's geographisch-statistisches Lexikon«, vierte Auflage; 1855.)*

Historisches Rathaus Krempe:
Die Giebelfront (links unten)
und Details der Fassade

durch eine von Seiten der Regierung gestattete Lotterie wieder angekauft.«
Das historische Rathaus von Krempe, eines der schönsten im Lande, ist auch heute in städtischem Besitz. Und - wie es sich für ein Rathaus gehört - Dienstsitz des Bürgermeisters. Wie schon 1570 - vor 432 Jahren.

* In »Topographie des Herzogtums Holstein«, 2. Band; 1908.

**In »Topographie der Herzogthümer Holstein und Lauenburg...«. 1. Band, 2. Auflage; 1855.

Fahnenschwenken

Montag nach Johanni* ist in Krempe stets Gildemontag. Den kann hier niemand verschlafen. Denn an diesem Tag marschiert die »Stadtkapelle Krempe – Spielmannszug der Krempermarsch« bereits morgens um 6.00 Uhr mit klingendem Spiel durch das sympathische Städtchen. »Aufstehen, Leute, es ist Gildemontag!« Das ist in Krempe der wichtigste (weltliche) Feiertag überhaupt. In manchen Schaufenstern sind kleine Hinweiszettel zu entdecken: »Gildemontag ab Mittag geschlossen.« Jeder will dabeisein. Viel Flaggenschmuck ist im Ort. An öffentlichen und vor allem an privaten Gebäuden wehen Fahnen: auf grün-gelbem Grund das Wappen Krempes mit drei Fischen und einem Bärenkopf.

Um 7.00 Uhr wird bereits wieder marschiert. Der Musikzug sowie die in feinem Schwarz plus Zylinder gekleideten Funktionsträger der »Alten Kremper Stadtgilde von 1541« holen den letztjährigen, noch amtierenden Gildekönig ein. Kleine Verschnauf- und Stärkungspause beim König, dann geht es zurück zum Marktplatz. Dort wird »Meldung« erstattet – und alle werden ins Rathaus gebeten. Zwecks weiterer Stärkung. Dem Vernehmen nach soll dabei auch der »Gilde Bittern«, ein spezieller Bitterbranntwein, »zum Einsatz kommen«.

* Johanni: Fest des heiligen Johannes, 24. Juni.

Nicht allzu lange, beginnt doch bereits um 8.45 Uhr auf dem Marktplatz jenes Schauspiel, das Krempe seit »ewigen Zeiten« weit über die Landesgrenzen hinaus bekannt und berühmt gemacht hat: das Fahnenschwenken. Unter dem verhaltenen Trommelwirbel der Tamboure und nach den akustischen Einsatzzeichen eines Signaltrommlers führen die Gruppen der Fahnenschwenker im Gleichklang verschiedenste figurenartige Schwenkbewegungen mit den großen Fahnen aus. Und werfen diese - auch über Kreuz - hoch in die Luft, fangen sie wieder auf. Eine sportliche und choreographische Meisterleistung. Eine imposante Schau.

Das Fahnenschwenken in Krempe: Hinter der Musik (links unten) marschieren die Tamboure und die Gilde (links oben) zum Empfang beim Rathaus (oben)

Zum Klang der Trommeln (rechts)...

... das eigentliche Fahnenschwenken

Drei Altersgruppen von Fahnenschwenkern treten auf: die Jungs, die Junioren und die Erwachsenen. Fahnenschwenker sein - das bedeutet was in Krempe. Wer die Leistungen und die Begeisterung des Nachwuchses erlebt hat, weiß: Diese uralte Tradition wird in Krempe auch weiterhin »leben«.

Und so werden an jedem Gildemontag auch in Zukunft in Krempe die Fahnen geschwenkt und geworfen, werden die Gäste von weither kommen, wird der Marktplatz von Zuschauern dicht umstellt sein, werden die Tamboure trommeln und wird viel Applaus gespendet für die Auftritte der Fahnenschwenker.

Das Gildefest geht anschließend weiter. Mit allem, was zu einem Gildefest dazugehört. Ein neuer König wird auch »ausgeschossen«, nach überkommener Weise und Manier.

Abends ist dann nochmals Fahnenschwenken auf dem Marktplatz.

Die drei Kremper Türme:
Der Turm der St.-Petri-Kirche (rechts außen),
der Rathausturm (rechts unten)
und der historische Wasserturm (unten)

Drei-Türme-Stadtspaziergang

Drei Türme, so verschieden sie sind, gehören prägend zum Stadtbild von Krempe.

Nr. 1: Der achtseitige, schindelgedeckte Dachreiterturm mit geschwungener Haube auf dem Rathausfirst. Nach Dehio* auf das Jahr 1608 datiert.

Nr. 2: Der Turm der 1828–1835 errichteten St.-Petri-Kirche. Die Turmform erscheint »eigenwillig«. Aus einem aufrechten Turmquader, dem Unterbau, ragt ein schmalerer Backsteinzylinder hervor, gedeckt von einer halbkugeligen Kupferhaube, darauf eine zierliche, sogenannte »Laterne«.

Nr. 3: Der Wasserturm auf der Höhe. Er steht auf dem einzig erhaltenen Rest der einstigen Bastion aus Kremper Festungszeiten. Aus dem Wallstück der vormaligen Bastion mitsamt dem davor liegenden Festungsgraben wurde eine Grünanlage. Und der Wasserturm hat als solcher auch ausgedient. Er ist (ganz ohne Wasser) nur noch Turm und Denkmal.

Der Kremper Drei-Türme-Stadtspaziergang – empfehlenswert.

* Georg Dehio: »Handbuch der deutschen Kunstdenkmäler«, Ausgabe Hamburg/Schleswig-Holstein. Deutscher Kunstverlag; 1994.

Flüsselandschaft

Kreis Steinburg – Landschaft der Flüsse: Die Stör als größter holsteinischer Nebenfluß der Elbe. Sodann die Wilster Au, die Kremper Au, Bekau, Bramau, der Rhyn. Schließlich, auf 29 Kilometer Strecke, die Elbe, die Südgrenze des Kreises. Ein solcher Flüssereichtum hatte und hat Vorteile. Zur Entwässerung des Landes, für Schiffs- und Bootsverkehr, als schönes, schmückendes Landschaftselement. Der Nachteil: Bei Nordsee-Sturmfluten drückten via Elbe mächtige Wassermassen in den Trichter der Störmündung, schoben sich weit flußaufwärts, auch in die

Steinburg – der Kreis der Flüsse, Bäche, Auen, Gräben und »Wettern«

Nebenflüsse, in die zugehörigen Bäche und Auen. Durch den Wasserdruck wurde gleichzeitig der Abfluß des Flußwassers verhindert. Die Flüsse stauten auf, bis weit ins Hinterland. Deichbrüche und Überschwemmungen waren in allen Jahrhunderten zu beklagen.
Nach der verheerenden Holland-Sturmflut-Katastrophe 1953 erfolgten auch in Steinburg Deicherhöhungen, Deichverstärkungen. Zum Glück! Dadurch blieben hier die Folgen der Jahrhundert-Sturmflut vom 16./17. Februar 1962 –

anders als im schwer betroffenen Hamburg – vergleichsweise gering. Immerhin, durch den Bruch des Stördeiches bei Münsterdorf wurden – unter anderem – Stadtteile von Itzehoe überschwemmt. In der Alsen'schen Zementfabrik stand das Wasser 2 Meter hoch. Viele Deiche im Kreisgebiet waren schwer beschädigt. Aus der gewaltigen Sturmflut von 1962 wurden Lehren gezogen. Die wichtigste für Steinburg: Bau des Störsperrwerkes.

Das Störsperrwerk

Das Störsperrwerk in der Störmündung, mit Sichtweite zur Elbe, wurde 1975 in Betrieb genommen. Es schützt das Land, vor allem die Marschen, vor Sturmfluten und ihren Folgen. Eine komplette Abriegelung gegen Ebbe und Flut erfolgt bewußt nicht. Das normale mittlere Tidehochwasser – es erreicht eine Höhe von 1,50 Meter über NN – kann ungehindert in die Stör ein- und ausfließen. Erst bei einem Wasserstand von 2,50 Meter über NN wird das Störsperrwerk geschlossen und damit das Hinterland vor Überflutung geschützt.

Die Straßenklappbrücke über die Stör stört hochgeklappt die Straße...

Fünf mächtige Stahlbetonpfeiler bilden das Gerüst des auf 760 Pfählen gegründeten Sperrwerks. Die seitlichen Segmentverschlüsse besitzen eine Breite von je 43 Metern und wiegen jeweils 250 Tonnen. In der Mitte des Sperrwerkes befinden sich zwei Schiffahrtsöffnungen, die bei Sturmflut durch Stemmtore gesichert werden.
Über das Sperrwerk führt die Bundesstraße 431. Mit Rollklappbrücke. Passieren größere Schiffe das Sperrwerk, wird die 390 Tonnen schwere Klappbrücke geöffnet. Der darauf befindliche Straßenabschnitt zeigt dann - aufgeklappt - senkrecht zum Himmel.

Das Störsperrwerk (oben)
und die sechste Kirche von Herzhorn

Die sechste Kirche

Von Herzhorn bis zur Elbe sind es einige Kilometer. Folglich wähnt sich der fremde Besucher in Herzhorn ziemlich »mitten im Land«. Und ist daher erstaunt, an der Herzhorner Kirche zu lesen: *»1354 – Bau der 1. Kirche in ›Herteshorne‹. Sie fällt – wie später auch die 2. Kirche – einer Sturmflut zum Opfer.«*

Sturmfluten – welche gewaltigen Kräfte der Nordsee waren hier via Elbe am Wirken! Nicht nur vor Jahrhunderten. Auch 1962, bei der Jahrhundertsturmflut.

Die Herzhorner haben ihre nächste, die dritte, Kirche 1521 am jetzigen Standort erhöht auf einer aufgeworfenen Kirchenwarft gebaut. Glück hatten sie mit ihrem Gotteshaus dennoch nicht. Zwar keine weiteren Sturmfluten, sondern Krieg, Feuer und Baufälligkeit zerstörten mehrere Kirchenbauten. 1954 wurde als sechste Herzhorner Kirche das heutige Gotteshaus geweiht. Sechs Kirchen in sechshundert Jahren, im Durchschnitt pro Jahrhundert eine. Vermutlich auch ein Rekord.

Der Gast bummelt weiter durch blitzblanke Herzhorner Straßen, die in der Hochsommerhitze zur Mittagszeit wie ausgestorben wirken. Um dann doch einen Einheimischen zu treffen, der »Bescheid weiß« und gern berichtet: *»Hier in Herzhorn ist der Sitz der Amtsverwaltung Herzhorn. Dazu gehören die Gemeinden Blomesche Wildnis, Borsfleth, Engelbrechtsche Wild-*

nis, Kollmar, Krempdorf, Neuendorf (bei Elmshorn) und natürlich Herzhorn selbst. Zusammen leben hier 6470 Einwohner, davon im Ort Herzhorn 1100.«
Und dann erzählt der nette Herzhorner noch, demnächst bekäme das Amt ein neues Logo.* Mit dem Text *»Zukunft mit Herz - Amt Herzhorn lebendig«*. Der Schriftzug werde dann durch das Bild eines roten Herzens ergänzt. Und überhaupt sei man sehr aktiv. Auch im Bereich Tourismus, zum Beispiel mit weiteren Radwanderrouten. Zum Abschied noch eine Bummelrunde durch den Ort. Und hinter der Kirche eine imponierend-mächtige Reetdachscheune entdeckt. Ein »Gruß« vom alten Herzhorn.

Ab Hauptschule besuchen Herzhorner Kinder die Schulen in Glückstadt. Herzhorn ist Mitglied im Schulverband Glückstadt, wie fast alle Gemeinden des Amtes. Nur die Grundschule gibt es noch in Herzhorn. *»Worüber wir sehr froh sind«*, wie eine Mutter meinte, die ihren sechsjährigen Erstklässler des Weges brachte.
Schule in Herzhorn. Das hat Tradition. In der Topographie* von Schröder/Biernatzki ist 1855 zu lesen: *»Schule mit 2 Classen und 2 Lehrern. 150 Kinder.«* Das ergab 75 Kinder pro Klasse und Lehrer.
Wie Lehrer damals bezahlt wurden, welche Zusatzaufgaben sie wahrzunehmen hatten, ist einer Stellenausschreibung für die Herzhorner

* Das Gespräch mit dem netten, informierten Herzhorner fand statt Ende Juli 2001.

Im blitzsauberen Herzhorn (unten) spielen die Kinder auf dem Schulhof (rechts).

Schule zu entnehmen. Veröffentlicht am 10. Mai 1872 im »Amtsblatt der Königlichen Regierung zu Schleswig«.

Der Text der Stellenausschreibung:

»Durch Beförderung ihres bisherigen Inhabers ist die Stelle eines Elementarlehrers an der Districtschule zu Herzhorn vacant geworden. Die damit verbundenen Einkünfte bestehen in 172 Thlr. 24 Sgr. Gehalt; dem jährlichen Durchschnittspreis von 4 Tonnen Weizen; 30 Thlr. Feuerungsgeld, wofür die ordnungsgemäße Heizung des Schulzimmers mit zu beschaffen ist, und freie, für sich abgeschlossene Wohnung im Schulhaus, auch ist dem Lehrer täglich 2 Male kochendes Wasser zu liefern.

Eine Nebeneinnahme an Schulgeld von auswärtigen Kindern hat seit Jahren ca. 16 Thlr. jährlich betragen.

Auf Befähigung zur Ertheilung von Turnunterricht wird besonders Rücksicht genommen und der je wöchentliche Unterricht außerhalb der Schulstunden bis weiter mit 20 Thlr. jährlich vergütet.

Bewerber wollen ihre an das Schulpatronat zu richtenden Gesuche nebst beglaubigten Abschriften ihrer Zeugnisse innerhalb 4 Wochen a dato portofrei hierselbst einsenden.

Glückstadt, den 1. Mai 1872

Die Obrigkeit der Engelbrechtschen Wildniß.

(gez.) J. Martens.«

Motive in Kollmar

»Unser Kollmar ist doch schön, fotografieren Sie nur tüchtig«, meinte auffordernd die nette ältere Dame, die dem Autor beim Hantieren mit der Kamera zuschaute. In der Tat, dieser kleine Ort an der Elbe besteht geradezu aus idyllischen, schönen Motiven: Reetdachhäuser in Reihe binnenseits hinter dem Deich. Liebevoll gepflegte kleine Hausgärten und gestaltete Hofplätze. Die Partie am Fleet. Die Stöpe, eine Deichdurchfahrt, die geschlossen wird, sollte es eine Nordseesturmflut erforderlich machen. Der kleine Hafen. Der grüne Elbdeich mit gemächlich weidenden Schafen. Und immer wieder der Ausblick vom Deich, auf die Elbe zur einen, auf den Ort zur anderen Seite.

Kollmar: Hinterm Deich (rechts) heißt noch lange nicht schmucklos (unten).

Die Elbfischer von Kollmar

Ein leibhaftiger Landesminister hat's mal gesagt: *»Fischerei ist ein Faktor für die touristische Attraktivität eines Ortes.«*
Recht hat der Mann. Kollmar hat er damit nicht gemeint. Hätte er aber können, zutreffend wär's gewesen.
Im kleinen Hafen von Kollmar vor dem Elbdeich sorgen Fischer für zusätzliche Farbtupfer, für immer wieder gern beobachtetes Leben. Auch wenn es nur ein paar (Nebenerwerbs-)Fischer sind, die hier mit ihren zumeist offenen Booten einlaufen, die Netze und Reusen klarieren, mit denen sich ein kleiner Klönschnack halten läßt.

Am Kollmarer Hafen

Die Elbe gehört zu Steinburg

Die Elbe gehört zu Steinburg. Wie zweifelsfrei auf amtlichen Landkarten* zu erkennen ist. Selbstredend nicht der Strom in ganzer Länge, nur ein kleiner Teil. Nämlich die Strecke von Stromkilometer 664 auf Höhe Einmündung der Krückau bis Stromkilometer 692 knapp westlich von St. Margarethen. 692 minus 664 gleich 28 Kilometer. So lang ist der Steinburg zugehörige Elbe-Abschnitt. Der ganzen Wahrheit wegen: Davon ist nur die Hälfte steinburgisch. Weil die Grenze zu Niedersachsen mitten im Fluß verläuft. Aber die sieht man ja nicht.

Leuchtfeuer am Elbdeich bei Kollmar

So richtig »was zu sagen« haben die Steinburger in Sachen Elbe allerdings nicht. Denn der Fluß ist eine Bundeswasserstraße. Dafür sind Bundesbehörden zuständig. Die höchst notwendigen hohen Elbdeiche sind Landesschutzdeiche. Darum kümmert sich das Land Schleswig-Holstein. Den Blick von der Deichkrone auf das sich im Sonnenlicht spiegelnde Elbwasser, auf die Leuchtfeuertürme, auf den Schiffsverkehr von und nach Hamburg und hinüber ins Niedersächsische haben die Steinburger jederzeit kostenfrei. Die Gäste von nah und fern auch.

* Z.B. Kreiskarte Steinburg, 1:75000, herausgegeben vom Landesvermessungsamt Schleswig-Holstein.

Ein Blick nicht aufs weite Meer, sondern über den Kollmarer Hafen auf die Elbe

Am Kollmarer Fischersteg

Bielenberger Rundumblick

Bielenberg ist - kommunalrechtlich - ein Ortsteil von Kollmar. Trotzdem, von Kollmar nach Bielenberg sind es auf dem Landweg runde 5 Kilometer. Auf dem Wasserweg, stromabwärts auf der Elbe, von Kollmar-Hafen nach Bielenberg-Hafen ebenfalls.
Soviel vorab.
Schröder/Biernatzki berichten in ihrer Topographie* im Jahre 1855 über Bielenberg so: *»Bielenberg (vorm. to dem Bielenberge), District in der Bielenberger Marsch, die von diesem Ort ihren Namen erhalten (...) Dieser District, mit einem kleinen Hafen (Bielenberger-Hafen) an der Elbe, enthält 7 Höfe und 34 Kathen. Hier ist am Ausfluß des Entwässerungscanals Langenhals in die Elbe eine Schleuse. Ein auf einem 20 Fuß hohen von Marsch umgebenen natürlichen Sandhügel, Ueberrest einer vorzeitigen Uferdüne, gelegener Hof heißt Berghof; (...)«*

Bielenberger »Berghof«: Das Haus auf dem Hügel und seine Haustür

* Topographie der Herzogthümer Holstein und Lauenburg..., erster Band, 2. Auflage. 1855.

Der Besucher von heute findet in Bielenberg (fast) alles, wie von Schröder/Biernatzki vor 147 Jahren beschrieben, wenn auch in modernerer Form: Den Langhalsener Wetter (Kanal) mit Schöpfwerk und Schleuse, einen prachtvollen, mächtigen Hof auf dem Hügel und den klitzekleinen Hafen.
Von der Ruhebank oben auf dem Elbdeich läßt sich das alles mit einem einzigen Rundumblick betrachten.

Der kleine Bielenberger Hafen

In Borsfleth

Borsfleth liegt an der Kremper Au, die nach einem weiteren Kilometer leicht kurvigen Flußlaufes in die Stör mündet. Die Stör wiederum braucht nur noch eine Mäanderschleife, bevor sie die Elbe erreicht. Also lag Borsfleth in früheren schiffahrtsintensiven Zeiten verkehrsgünstig. Oldekop* schreibt 1908: *»Es passieren die Verlathschleuse zu Borsfleth jährlich ca. 400 Schiffe.«* Die Kremper Au hatte für die Schifffahrt bis Krempe hinauf Bedeutung.

Borsflether Motive

Malerische Motive sind im schönen, gepflegten Borsfleth noch manche zu entdecken. In diesem Kirchdorf, das aktiv in der Gegenwart lebt. In dem aber auch ein Hauch verträumter Vergangenheit spürbar ist. Eine Mischung, die froh stimmt.

* In »Topographie des Herzogtums Holstein«, 2. Band; 1908.

Die Kremper Au bei Borsfleth

Wer heute in Borsfleth neben dem Schleusentor auf dem Deich steht, wird Handelsschiffe auf der Kremper Au nicht mehr entdecken. Wohl aber Sport- und Freizeitboote am Borsflether Anleger. Und die ergeben, zusammen mit den sich im Wasser der Kremper Au spiegelnden Wolken, mit dem kleinen Fluß, mit dem einrahmenden Grün der Wiesen und Uferbüsche, ein malerisches Motiv.

Wildnisse

Blomesche und Engelbrechtsche Wildnis. Die beiden Gegenden nördlich und südöstlich von Glückstadt heißen wirklich so. Amtlich und in jeder aktuellen Landkarte nachzulesen. Wildnis? Der mit der Region nicht vertraute Gast ist ob dieser Bezeichnung verwundert. Und fragt sich: »Gibt es hier am Elbrand im schönen Kreis Steinburg tatsächlich noch – namensgerecht – »richtige« Wildnisse?«
Gibt es nicht! Im Gegenteil, die beiden Wildnisse sind gepflegte Kleinlandschaften. Der Landrat des Kreises Steinburg beschrieb die Wildnisse im Jahre 1908 wie folgt:* *»Statt einer Wildnis betreten sie (die Fremden) aber ein Gebiet, das mit reichen Bauernhöfen, üppigen Saatfeldern*

Die »Wildnis« und ihre Produkte

und Wiesen, zahlreichen kleineren sogenannten Köhlker-(Kohlbauern-)Wohnungen, Gemüsefeldern, Obst- und Blumengärten bedeckt ist.«
Der vormalige Landrat Pahlke erläuterte sodann, warum die Wildnisse Wildnisse heißen:*
»Der den jetzigen Zustand so wenig entsprechende Name erklärt sich aus der Vergangenheit. Nachdem um 1240 diese Gegend von Holländern eingedeicht und besiedelt, das Kirchdorf Bole und 1354 sogar eine Stadt – Nygenstadt – angelegt waren, zerstörte im Anfang des 15. Jahrhunderts die Hochflut das Menschenwerk und

diese Strecke der Elbmarsch wurde wieder zum Außendeich. Diese (...) Gebiete erhielten den Namen Wüstenei oder Wildnis und letzterer Name hat sich bis auf den heutigen Tag erhalten. Um das Binnenland vor weiterer Überflutung zu sichern, mußte man den Elbdeich zurückverlegen. Dieser Deich ist noch vorhanden und bildet unter dem Namen ›Alter Deich‹ die Grenze der Wildnis gegen das umgebende Land. Über 200 Jahre hat die Wildnis ungeschützt gegen die Elbe dagelegen, ein Weideplatz für die Viehheerden der anstoßenden Gemeinden. Erst 1511 wurde durch Schlagung des Obendeichs das neu entstandene Kirchdorf Herzhorn, eine halbe Meile aufwärts von Glückstadt am Rhin gelegen, und durch Schlagung des anstoßenden Herrendeichs 1561 das reichlich 100 ha umschließende Herrenfeld gewonnen. Zu Beginn des nächsten folgenden Jahrhunderts wurde die Bedeichung des noch übrigen Landes von König Christian IV. und dem Schauenburg-Pinneberger Grafen durchgeführt (...)«

* Aus dem Aufsatz »Kreis Steinburg« vom Königlichen Landrat Pahlke, veröffentlicht in der »Topographie des Herzogtums Holstein« von Henning Oldekop im Jahre 1908.

Die Blomesche und die Engelbrechtsche

Auf gemeinsame Kosten des Königs Christian IV. und des Grafen von Schauenburg wurden die Wildnisse 1615 und 1616 erneut eingedeicht. Da die Herren bezahlten, erklärten sie sich zu Eigentümern des abermals eingedeichten Distrikts. Der König erhielt den nördlichen Teil, der Graf den südlichen. *»Wodurch«*, wie Oldekop schreibt, *»eine königliche und eine fürstliche Wildnis entstand.«** Die königliche Wildnis ist die jetzige Blomesche, in welcher der König 1616 die Festung Glückstadt anlegte. Der übrige Teil der einst königlichen Wildnis erlebte durch Verkauf und Konkurs einige Besitzer- und Namenswechsel: Friedrich von Ahlefeldt, Geheimrat von Plessen und – im Jahre 1790 – Geheimrätin von Blome. Seither wird diese Wildnis die Blomesche genannt.
Auch in der heutigen Engelbrechtschen Wildnis wechselten Besitzer und Namen. Unter anderem Herzhorner, Laurwigsche und Bülowsche Wildnis. 1861 kam diese Wildnis durch Verkauf an Johannes Engelbrecht. Und wurde zur Engelbrechtschen Wildnis. Bei dem Namen ist es geblieben.

* In »Topographie des Herzogtums Holstein...«; 1908.

»Wildnis« ja, aber ordentlich in Reih' und Glied!

Stadtdenkmal

Glückstadts historischer Stadtkern steht in großen Teilen unter Denkmalschutz. Ein Rundgang gerät zur Entdeckungsreise auf den Spuren Christians IV. Und der Zeiten danach. Zitat aus dem Faltblatt »Entdeckungsreise auf den Spuren Christians IV.«:* *»Große Kremper Straße: war einst die Triumphstraße. Durch die Straße sind neun Generationen dänischer Könige als Landesherren nach Glückstadt eingezogen.«*
Stadtdenkmal ja – Museum nein. Denn in diesem Kleinod an der Unterelbe« herrscht trotz einer angenehmen Beschaulichkeit vitales Leben.

* Herausgegeben: Verkehrs- und Gewerbeverein Glückstadt e.V. 1999.

Nicht ohne Grund denkmalgeschützt: Die Glückstädter Altstadt

Glückstadt um 1850

»Glückstadt, ehemals befestigte Stadt in Holstein, r. an der Elbe und der Einmündung des Rhins (Rhyn), der einen Hafen bildet; in der fruchtbaren Cremper-Marsch von dem König Christian IV. angelegt, in ungesunder Gegend, leidet Mangel an Quellwasser und das Regenwasser wird in Cisternen gesammelt; Freihafen, Seemannsschule, Fischerei, Schiffahrt, Schiffbau, Handel, Leder-, Licht-, Seife- und Tabakfabriken, Brauerei, Brennerei; jährlich gehen 3 Schiffe zum Wallfischfange aus; Gelehrtenschule. 1751, 1756 und 1825 litt die Stadt durch hohe Sturmfluth. 6180 Einwohner. 1841 besaß die Stadt 117 gemessene Schiffe von 1040 Commerzlasten, (...) 1847 142 eigene Schiffe mit 3060 Tonnen. Den Verkehr unterhalten vorzüglich schleswigsche und holsteinische, dann hannöversche Schiffe, dann dänische, helgoländische und holländische.«

(Aus: »Ritter's geographisch-statistisches Lexikon«, vierte Auflage; 1855.)

Kandelaber, Kirche und Rathaus

Am 12. Januar 1869 haben die Glückstädter Stadtkollegien die Anschaffung eines Kandelabers für den Marktplatz beschlossen. Vermutlich war es keine schwierige Entscheidung, mußte der fünfarmige, gußeiserne Kandelaber doch nicht aus der Stadtkasse bezahlt werden. Er war das Geschenk eines einheimischen Bürgers. Allerdings, wie das manchmal so ist mit gutgemeinten Geschenken, sie verursachen Folgekosten. Im Falle des Glückstädter Kandelabers ergab sich Zusatzarbeit für den Laternenanzünder. Wurde das Kandelaber-Licht doch durch Gas erzeugt. Inzwischen ist der 1985 restaurierte Kandelaber natürlich längst auf »elektrisch«

Der Kandelaber auf dem Marktplatz

Das Glückstädter Rathaus

umgerüstet. Wie seit 1869 steht er auf dem Marktplatz. Etwa dort, wo sich vor seiner Zeit der Marktbrunnen und das Brunnenhaus befanden. Der Marktplatz war und ist das stadtbildprägende Zentrum Glückstadts. Folglich steht hier auch die Stadtkirche, mit Blickrichtung, sprich: mit Ein- und Ausgang, zum Markt. Die Kirche stammt aus jener Zeit, in der Glückstadt nach Reißbrettplan – *»... dem Ideal der italienischen Renaissance-Stadt nachempfunden«** – entstand. Die Bauzeit wird mit 1618 bis 1623 angegeben.

Die Stadtkirche zu Glückstadt

Es war der erste evangelische Kirchenbau nach der Reformation in den Herzogtümern Schleswig und Holstein. Nach Beschädigung und Einsturz des Turmes wurde die Kirche bereits 1650/1651 erneuert und erweitert.

Selbstverständlich gehört zum Marktplatzensemble auch das Rathaus. 1642/1643 im sogenannten Christian-IV.-Baustil errichtet: Roter Backstein, Sandsteineinfassungen um die Fenster, Ziergiebel. Die Ähnlichkeit mit der Alten Börse in Kopenhagen ist unverkennbar.

Wegen Baufälligkeit mußte das Rathaus 1872 abgebrochen werden. Auf den gewohnten schönen Anblick ihres Rathauses wollten die Glückstädter nicht verzichten. Der Neubau von 1872/1873 erfolgte daher mit der Nachbildung der ursprünglichen Fassade.

* Zitat aus dem Faltblatt »Rundgang«. Herausgegeben vom Verkehrs- und Gewerbeverein Glückstadt e.V. 1999.

Die hüllenlose Lady

Eine von Kopf bis Fuß unbekleidete Dame als Kirchturmspitze. In Glückstadt blinkt sie goldglänzend auf der Stadtkirche. Mancher Fremde staunt. Eine nackerte Frau als Kirchenzier - wie das? Die Sache geht in Ordnung. Denn erstens ist diese totale Topless-Lady eine Göttin, und die dürfen derart auftreten. Und zweitens ist die hüllenlose Glücksgöttin Fortuna historisch bedingt. Oldekop schreibt:* »*Was nun die Inangriffnahme der Bauarbeiten der neuen Stadt betrifft, so konnte damit im Jahre 1616 begonnen werden; am 22. März 1617 erhielt die Stadt ihren Gründungsbrief, durch welchen der König Namen und Wappen erteilte. Letzteres zeigt eine nackte Fortuna, die ein vom Winde gebläh-*

Glück, wohin man blickt:
Fortuna am Kandelaber auf dem Markt (links), auf der Kirchturmspitze (oben) und auf der Rathausfassade (rechts oben)

tes Segel über ihrem Haupte hält und mit einem Fuß auf einer von Wellen getragenen Kugel steht.«
Seither gehört die nackte Fortuna zum Glückstädter Stadtbild. Zum Beispiel auch an der Rathausfassade und am Sockel des Kandelabers auf dem Markt.

Glückstädter Hafenatmosphäre

Christian IV., König von Dänemark, hat sich die Schaffung Glückstadts, aus dem »Nichts« heraus und mitten in der damaligen Wildnis, richtig viel Geld kosten lassen. Das heißt, vermutlich das Geld seiner Untertanen, der Steuerzahler. Das war damals nicht anders, als es heute ist. Aber lassen wir das. Jedenfalls wurde die Gegend eingedeicht, wurden nach einem Gesamtplan Straßen und Gebäude errichtet, der Hafen angelegt, die Stadt stark befestigt und zudem königlich reich privilegiert. Schließlich sollte die Neugründung an der Elbe als Hafenstadt Hamburg Konkurrenz machen.

Damit hat es nie geklappt. Hafenstadt ja, aber eher im bescheidenen Umfang. Jedenfalls kein Vergleich zur Welthafenstadt Hamburg.

Am Glückstädter Hafen

Bleibt nachzutragen: Damit für jeden Betrachter deutlich ist, wer verantwortlich zeichnet, wurde das Zeichen »C 4« auf der Kirchturmspitze noch über der Glücksgöttin angebracht. »C 4« steht für Christian IV., dem Begründer Glückstadts.

* In »Topographie des Herzogtums Holstein«, 2. Band. 1908 im Verlag Lipsius & Tischer, Kiel.

Das hat Vorteile. So wuchs Glückstadt nicht zur Millionenmetropole, sondern blieb diese liebens- und lebenswerte Kleinstadt mit dem besonderen Charme.
Der Ordnung und Vollständigkeit halber: Schiffe laufen Glückstadt nach wie vor an, zum Laden und Löschen. Die Schiffe machen zumeist im Außenhafen fest und werden - mit allem, was dazu gehört - von der »Hafengesellschaft Glückstadt« betreut.
Sportboote an den Stegen vor der Schleuse, schwimmende Oldtimer, Kümos, Kutter und Yachten im Binnenhafen komplettieren das heutige Glückstädter Hafenbild.

Zwischen beschaulich und betriebsam: Glückstädter Hafenatmosphäre

Hafenordnung Glückstadt 1634

Als Beilage zum Steinburger Jahrbuch 1983 haben Dr. Alexander Ritter und Peter Fischer im Auftrage des Heimatverbandes für den Kreis Steinburg die Hafenordnung der Stadt Glückstadt vom 18. Juli 1634 im Original veröffentlicht.

Einige Auszüge:

»Alle frembde Schiffe/so wol grosse/als kleine/so alhir ihrer Nahrung halber einkommen/sollen dem Havenmeister für sein Auffsicht die gebühr bezahlen/wie folget:

1. Sol der Havemeister von einem Kreutzsiegel oder Rahsiegel/so ihrer Nahrung halber anhero kommen/es sey groß oder klein haben ein Mark 8 Schillinge.

2. Von Schmacken groß und klein 8 Schillinge.

3. Von Kagen groß und klein von jeden 6 Schillinge.

4. Von Efers (...) 2 Schillinge.«

Auf Reinlichkeit wurde geachtet. In der Hafenordnung ist zu lesen:

»Es sol niemandt einige Fauligkeit/als Mist/ausfegels/asche/totes Aaß/ verworffenes Eingeweide von geschlachtetem Vieh/Heu/Stroh/Stükke von Pannen/Steinen oder sonsten aus dem Schiffen und Heusern/in den Haven werffen/bei straff 1 Reichsthal.«

Auch der Name des Hafenmeisters anno 1634 wird mitgeteilt: Claus Tornedden.

»Am Hafen«

»Am Hafen« – eine Straße wie aus dem Bilderbuch für allerfeinste Stadtromantik. »Komponiert« aus drei Teilen: Binnenhafen, grüner Deich, Häuserreihe. Dominierend die Häuserreihe. Giebel- und Traufenhäuser nebeneinander, die Fassaden in unterschiedlichen Farben. Ein buntes, ein freundliches, ein harmonisches Bild. Mit vielerlei zu entdeckenden Details. Wie beispielsweise ein Wappenrelief, schöne Haustüren, kleine Freitreppen.
»Am Hafen« in Glückstadt – eine der schönsten Uferstraßen Norddeutschlands.

Wappenstein in der Straße »Am Hafen«

Glückstädter Glück

»Die Glückstädter haben es gut: Sie können sich Glückstadt jeden Tag leisten.«
(Hendrika Simonis in der »Festschrift 350 Jahre Glückstadt 1617–1967«.)

Die Straße »Am Hafen« und eine ihrer Haustüren

Der Blick von drüben

Glückstadt am Binnenhafen, auf der Südseite. Mit dem Blick über das Wasser hinweg auf die Stadt, auf die Häuserreihe »Am Hafen«. Und auf die Hafenbauten. Zum Beispiel auf das Brückenhaus, diesem schmalen, zweistöckigen Fachwerkbau aus dem 18. Jahrhundert, unmittelbar am Wasser. Die gängige Bezeichnung Brückenhaus ist korrekt.

Am Glückstädter Binnenhafen: Ein Blick von drüben auf den Speicher (links), die Straße »Am Hafen« (oben) und das Brückenhaus (rechts)

Früher führte von hier aus eine hölzerne Klappbrücke über den Binnenhafen. Ganz in der Nähe der wuchtige Speicher mit dem markanten Mansarddach. Davor, am Kai, Boote und Kutter, ein Binnenschiff. Die Sonne scheint, alle Farben leuchten.

Glückstädter Matjes

Glückstädter Matjes - eine kulinarische Berühmtheit. Zugegeben, Matjes gibt es auch woanders. Aber Glückstädter Matjes in Glückstadt - das ist es! Hier sind die Matjes, wie auf Tafeln an Fischhandlungen und Restaurants nachzulesen ist, noch immer »handgearbeitet« - sozusagen. Zum Teil nach traditionellen, ziemlich geheimen Familienrezepten. Nebst den Holländern waren die Glückstädter seit jeher die unbestrittenen Matjesspezialisten.

Unter Matjes - dem echten! - versteht man den zarten, jungfräulichen Hering, der noch nicht geschlechtsreif, also ohne Milch und Rogen, im Mai und Juni gefangen wird. Früher brachten die Glückstädter Heringslogger ihren Fang auf schnellstem Weg in den Glückstädter Hafen. Die Loggerleute hatten den Matjes gleich an Bord gekehlt (= ausgenommen), leicht gesalzen und in Kantjes (= Fässer) verpackt.

Die spezielle und seither angewandte Art der Glückstädter Verarbeitung wurde, so wird erzählt, durch einen Zufall entdeckt. Im Faltblatt »Matjeswochen in Glückstadt« steht das wie folgt: *»Der beim schnellen Kehlen abgerissene Darmrest rief einen besonderen Reifungsprozeß hervor. Diese ›enzymische‹ Reife läßt den Matjes noch weicher und zarter werden.«*

Ein Kantje Glückstädter Matjes...

Mit dieser Anzeige wurde 1967 der letzte Glückstädter Matjes-Logger beworben.
(Aus der Festschrift »350 Jahre Glückstadt 1617-1967«)

Bäckerbrezel

In der Festschrift »350 Jahre Glückstadt« wurde noch 1967 mit einer ganzseitigen Anzeige der Hecklogger »MILLY EKKENA« der »Fortuna Heringsfischerei GmbH Glückstadt« beworben: *»Logger-Hering - auf See gekehlt, auf See gesalzen.«* Das ist Vergangenheit. Die Glückstädter Loggerflotte gibt es nicht mehr. Textpassage aus dem heutigen Faltblatt: *»Die heute meist aus Dänemark bezogenen Matjes aber werden hier auf altbewährte Weise zur Reife und zur geschmackvollen Vollendung gebracht.«*
Jeweils im Juni, zur Glückstädter Matjeswochenzeit (und nicht nur dann) kann sich jeder Gast davon überzeugen, wie viele leckere Gerichte die Gastronomen aus dem Glückstädter Matjes »zaubern«. Aber der schmeckt auch rustikal aus der Hand: Brötchen, Matjes, Flasche Bier.

Das »Haus des Bäckers« - seit 1632 - und der dazugehörige Maueranker in Brezelform

Maueranker an historischen Gebäuden sind nicht unbedingt etwas Besonderes. Einer der Maueranker am Haus Am Fleth 21/Ecke Königstraße in Glückstadt aber doch. Seiner außergewöhnlichen Form wegen: eine Bäckerbrezel. Aus gutem Grund, befindet sich in diesem Gebäude doch eine Bäckerei. Und zwar seit dem Jahre 1632, ununterbrochen. Zweifelsohne ein bäckerhandwerklicher Rekord. Den Brezelmaueranker entdeckt man an der Hauswand in der Königstraße, bei Draufsicht ganz links, knapp vor dem Nebengebäude. Dazu paßt diese Inschrift auf der Fassade: *»Weiss & Grob-Bäckerei. Reinhold Witt.«*

Die letzte Schöpfwindmühle

Sie ist das Wahrzeichen der Wilstermarsch, die letzte ihrer Art, die intakte Schöpfwindmühle von Honigfleth. 350 dieser windgetriebenen Schöpfmühlen* waren einst in der Wilstermarsch in Betrieb. Sie förderten das Wasser aus den tieferliegenden Grüppen und Gräben in die höherliegenden, von Dämmen eingefaßten Wettern, wie hier die Sielzüge genannt werden. Die Wettern führten das Wasser in die Wilster Au, in die Stör und in die Elbe und damit schlußendlich in die Nordsee.

Grüppen, Gräben, Wettern, Schöpfmühlen - ein ausgeklügeltes System zur unabdingbar erforderlichen Entwässerung der Marsch. Statt Schöpfmühlen arbeiten heute elektrisch betriebene Pumpstationen.

Die Schöpfwindmühle von Honigfleth, Baujahr um 1850, hatte eine Förderleistung von 35 Liter pro Sekunde. Entwässert wurde ein Gebiet von 40 Hektar. Ihre Funktion wird so beschrieben: Die Mühle treibt eine Wasserschnecke an, mit der das Grabenwasser in die bis zu drei Meter höher gelegene Wetter »gemahlen« wird. Die Mühle steht auf einem festen Gestell. Der obere Teil sitzt auf einem Gleitring, über den die Mühle in den Wind gedreht wird.

K. Bielenberg hat über die früheren Arbeitsbelastungen durch die Schöpfwindmühlen berichtet:**

»Eine solche Mühle ist eine Last auf dem Hof. Steigt das Wasser in nassen Zeiten, so müssen die Besitzer Tag und Nacht mahlen. Da die Mühle bei jedem Wechsel des Windes gestellt wird, so muß sie, sofern sie sich in Tätigkeit befindet, beständig unter Aufsicht sein. (...) Kleinere Mühlen mahlen das Wasser zuweilen erst in den Mühlengraben oder die Wetter, größere dann in die Au. Oft müssen die kleineren Müh-

len längere Zeit mit dem Mahlen innehalten, damit das Wasser der Wettern nicht überfließt, bis die größere Mühle genügend Wasser herausgeschöpft hat. Also ist es eine umständliche, langwierige Arbeit. Jede Mühle hat ihren bestimmten ›Pott‹, den sie leer zu mahlen hat. Da kommt es wohl vor, daß ein Besitzer sich den allgemeinen Interessen nicht fügen will. Dann gibt es ›Wasserlärm‹.«

* Nach Berichten aus dem Jahre 1747 sollen sogar 900 (Schöpf-)Windmühlen in der Wilstermarsch gestanden haben.

**In seinem Beitrag »Das Entwässerungssystem«, veröffentlicht im »Heimatbuch des Kreises Steinburg«, Band 2; Verlag J.J. Augustin, Glückstadt 1925.

Die letzte ihrer Art: Schöpfwindmühle bei Honigfleth

Häuser als Sturmflutschutz

Häuser als Schutz vor Sturmfluten? Tatsächlich, so ist es in Wewelsfleth gewesen. An einem Gebäude in der (einseitig bebauten) Straße Deichreihe berichtet darüber eine Infotafel mit diesem Text:

»Deichreihe. Die auf der Deichkrone eng aneinandergereihten Häuser der Deichreihe (auch die in der Dorfstraße) bildeten bis in die 1950er Jahre den Schutz des Dorfes bei Sturmfluten. Die Hausbewohner hatten ständig die Wasserschotten für Türen, Fenster und Durchgänge sowie die Stöpenbretter bereitzuhalten. Wenn Häuser weg-*

Das Wewelsflether »Sturmflutschutzhaus« Nr. 27 und seine Haustüre

geschwemmt wurden, gefährdete das nicht nur den Ort, sondern die ganze innere Wilstermarsch. Daher wurden hier besonders starke Häuser gebaut. Die Häuser Nr. 27 und Nr. 31 (›Altes Fährhaus‹) stammen aus dem 17. Jahrhundert und stehen unter Denkmalschutz. Heute ist der Ort geschützt durch den vorverlegten Deich von 1956/57.«

* Stöpe = Durchfahrt durch den Deich. Wurde/wird bei Sturmflut/Hochwasser mit bereitliegenden Brettern und Sandsäcken geschlossen (Anm. des Autors).

Wewelsfleth vor 178 Jahren

»Wewelsfleth, Kirchdorf in der Wilstermarsch an der Stoer, ½ Stunde von ihrem Ausflusse in die Elbe, 1 Meile von Glückstadt, Crempe und Wilster, 2 südwärts von Itzehoe. Probstei Münsterdorf; Amt Steinburg, Kirchspielsvogtei Wewelsfleth. Ueber 100 Häuser, 50 Höfe, 3 Kathen. (...) Königliche Zollcontrolle. Schleuse. Schiffsbauereien. Fähre über die Stoer. (...)«

(Aus: *»Topographie des Herzogthums Holstein, des Fürstenthums Lübeck, des Gebiets der freien Hansestädte Hamburg und Lübeck, und des Herzogthums Lauenburg« von Joh. Friedr. Aug. Dörfer, Diaconus der Fleckenskirche in Preetz. Vierte Auflage; 1824.)*

Gesehen in Wewelsfleth

Die Wewelsflether Stelen

Es sind hervorragende Könner gewesen, die Steinmetze von Wilster und Wewelsfleth. In Generationen schufen sie mehr als zwei Jahrhunderte lang – insbesondere von etwa 1600 bis 1820 – ausdrucksvolle Grabstelen von geradezu künstlerischem Rang. Gearbeitet aus Oberkirchener Sandstein »erzählen« diese Steine ganze Bildergeschichten. Vom Jüngsten Gericht, von der Himmelfahrt der Seelen, von göttlicher Gnade. Natürlich auch vom Teufel und der Verdammnis.

Wewelsflether Stelen
und ihre interessanten Details

Die allermeisten dieser auch kulturhistorisch wertvollen Stelen wurden in früheren Jahren leider vernichtet. Andere sind verwittert. Manche aber haben alle Zeitläufe überstanden, sind auf den Friedhöfen der Marsch zu betrachten.
Wie zum Beispiel auf dem Friedhof von Wewelsfleth. Vor dem Schiff der Trinitatiskirche sind mehrere »gerettete« Grabstelen in Reihe aufgestellt. Es ist interessant, die Details zu »entdekken«.

Schiffbau in Wewelsfleth

Wewelsfleth ist Werftenstandort. Die Kräne der Werft sind weithin sichtbares Wahrzeichen des 1513-Einwohner-Ortes* an der Stör. 1757 wurde hier nachweislich das erste Schiff gebaut. 1892 lieferte die Wewelsflether Werft mit der »Matador« das erste auf dem europäischen Festland gebaute Fischereifahrzeug mit Motorantrieb ab. Der Stahlschiffbau begann 1897.

Es gab im Laufe von 245 Jahren auch in Wewelsfleth gute, weniger gute und schlechte Schiffbauzeiten. Mal existierten sogar drei Werften, mal drohte das totale »Aus«. Und dann ging es doch weiter. Am 24. Januar 2002 berichten die »Kieler Nachrichten«:

Impressionen von der Wewelsflether Werft

Neben Containerschiffen will die Werft in Zusammenarbeit mit der Hamburger Yachtagentur Kusch auch Mega-Yachten bauen.«

Den Wewelsflether Schiffbauern ist viel Erfolg zu wünschen. Damit dieser Spruch auf einer Infotafel am Störufer weiterhin Gültigkeit behält: *»Die Werft gehört zu Wewelsfleth wie die Stör zur Wilstermarsch.«*

* Stand: 31. März 2001.

»An der Stör werden wieder Schiffe gebaut. Mit dem Containerschiff ›Euro Storm‹ brachte die neugegründete Peters Schiffbau AG jetzt ihren ersten Neubau in Fahrt. (...) Die Peters Schiffbau AG hat sich auf dem Gelände der ehemaligen Peterswerft angesiedelt, die 2000 in Insolvenz ging und schließen mußte. (...) Bis Ende des Jahres wird die Peters Schiffbau AG noch zwei Schwesterschiffe der »Euro Storm« bauen.

Kreuzhallenhaus

Es waren stattliche Gebäude, die Höfe in der Marsch. Manche blieben in ihrer ursprünglichen Form erhalten, wurden renoviert und restauriert. Und geben noch immer Zeugnis vom (einstigen) Stolz und Reichtum der Marschbauern. Wie der vormalige Hof Hein in Wewelsflether Uhrendorf. Jetzt steht als Eigentümer Petersen an der Pforte.* Es ist ein reetgedecktes Kreuzhallenhaus mit dreifach vorkragendem, landschaftstypisch verbrettertem, hohem Giebel. Mit einer rundbogigen »Grootdör«. Darüber im Bal-

Haus in Wewelsflether Uhrendorf
mit dreifach vorkragendem, verbrettertem Giebel
und Details über der Grootdör

kenwerk geschnitzte Inschriften: *»MARTEN GRONLANDT UNT ANNA GRONLANDES HABEN DISES HAUS BAUWEN LASSEN ANNO 1697 DEN 31. MÄERTIUS.«*

Zu lesen ist auch, daß Johann und Lena Fuhrmann anno 1778 und 79 das Haus durch eine »Hauptreparatur« haben verbessern lassen. Geschnitzte Blattornamente rahmen die Inschriften ein. Auch die Schwellbalken, die erste Balkenlage des Giebels, sind mit Inschriften versehen.

* Stand Herbst 2001.

Am Deichfuß

Uhrendorf, genau: Wewelsflether Uhrendorf. Die Stör ist ganz nahe, der Deich zeichnet die Krümmung des Flusses nach. Die Straße verläuft am Deichfuß und ist schmal. Tauglich für Anlieger-, nicht für Durchgangsverkehr. Die wenigen Höfe reihen sich, Abstand haltend, an der Straße auf. Auf der Deichkrone steht Rindvieh und hält Ausschau. Im Wasser des breiten Grabens spiegeln sich Landschaft und eine Scheune. Wewelsflether Uhrendorf – einer dieser stillen Winkel in der Wilstermarsch.

Binnendeichs in Wewelsflether Uhrendorf

Hoffnung

Die Windmühle von Beidenfleth. Hoch ragt sie über den Stördeich hinaus, grüßt Schiffer und Freizeitkapitäne auf dem Strom. Und ist für Einheimische und Gäste eines der Wahrzeichen des Ortes. »Hoffnung« heißt dieser Galerieholländer. Möge sich der Name bewahrheiten. Das meint: Möge dieses markante, zur Zeit* vom Alter etwas gezeichnete Mühlengebäude auch künftig erhalten bleiben. Ohne Windmühle – das Ortsbild von Beidenfleth wäre ärmer. Deshalb: Hoffnung haben für die »Hoffnung«.

* Stand Herbst 2001.

Mühle »Hoffnung« in Beidenfleth

Stör-Schiffahrt

Die große Zeit der bedeutenden Stör-Handelsschiffahrt ist lange vorbei. Völlig verschwunden ist der Frachtverkehr auf dem Fluß aber nicht. Wie das Kümo beweist, das am Silo Beidenfleth mit Weizen aus der Marsch beladen wird. Wie das Binnenschiff zeigt, das stromaufwärts fahrend gerade Beidenfleth passiert und die nächste Flußkurve in schneller Fahrt elegant meistert, Kurs auf Itzehoe.
Schiffe auf der Stör: schöne Bilder!

Auf der Stör mit Kurs Itzehoe (rechts).
Die »MS Nordland« aus Bremen
lädt Korn in Beidenfleth (unten).

Die Fähre von Beidenfleth

Über eine moderne Brücke einen Fluß zu queren, ist praktisch, geht schnell. Nicht mehr, nicht weniger.
Ganz anders die Flußquerung mit einer Fähre. Zumal, wenn es sich um eine schon fast nostalgisch anmutende Seilfähre handelt. Wie die Störfähre von Beidenfleth. Das hat Charme. Man steht am Ufer, wartet, daß die Fähre von gegenüber rüberkommt. »Fährmann, hol över!« Derweil blickt man aufs Wasser, flußaufwärts, flußabwärts. Wasser beruhigt. Gemächlich kommt die Fähre, sich motorgetrieben am Stahlseil herüberziehend. Angekommen, der Fährmann öffnet die Schranke: aussteigen, einsteigen. Und für alles, was Räder hat, herunterfahren, hinauffahren. Schranke zu, Abfahrt. Von der Wilstermarsch auf dieser, zur Krempermarsch auf der anderen Seite. 2½ Minuten, im Durchschnitt, dauert die Fahrt mit der »Else«. Kurz genug, damit eilige Leute nicht ungeduldig werden. Lang genug, um die kürzeste Stör-Schiffahrt genießen zu können. »Else« ist 17 Meter lang, 7 Meter breit und hat eine Tragfähigkeit von 40 Tonnen. Das Fahrseil ist 192 Meter lang und 32 Millimeter dick. Den Seilzug ermöglicht ein 50 PS starker Deutz-Motor. Die Fähre ist Privateigentum und wird

790. **Tarif für die Fährstelle zu Beidenfleth.**

	In der Zeit vom 1. Mai bis 30. September		In der Zeit vom 1. Oktober bis 30. April	
	M	Pf.	M	Pf.
1. Für eine einzelne Person ohne Gepäck	—	10	—	15
mit Gepäck	—	15	—	23
2. Für einen Reiter nebst dem Pferde	—	30	—	45
3. Für einen leeren Wagen mit 2 Pferoen und dem Fuhrmann	—	60	—	75
Ist der Wagen aber mit Korn oder anderen Sachen beladen oder sind außer dem Fuhrmann 1 oder mehrere Personen auf demselben, alsdann bis incl. 4 Personen	—	75	—	90
Sind außer dem Fuhrmann mehr als 4 Personen auf dem Wagen, alsdann	—	90	1	13
Ist der Wagen mit mehr als 2 Pferden bespannt, alsdann für die übrigen Pferde an Fährgeld a Pferd	—	15	—	15
4. Für eine Cariole mit 1 Pferd und Fuhrmann oder mit 2 Personen incl. des Fuhrmannes	—	38	—	45
5. Für einen Wagen mit 1 Pferde und Fuhrmann	—	45	—	60
Sind aber 3 bis 4 Personen darauf, dann	—	60	—	75
6. Eingesessene Untertanen in Leistung der Herrenfuhren für einen Wagen mit 2 Pferden und Fuhrmann	—	45	—	60
Ist der Wagen mit mehr als 4 Pferden bespannt, alsdann für die übrigen Pferde an Fährgeld mehr a Pferd	—	15	—	15
7. Für einen Ochsen oder Kuh	—	30	—	45
8. Für ein Schwein	—	8	—	15
9. Für ein Schaf	—	8	—	15
10. Waren a Fuder	—	90	1	13
Ist hinzugefügt Säcke von 1—2 Zentner, a Sack	—	8	—	8

Anmerkung: Während der Zeit von Sonnenuntergang bis Sonnenaufgang wird in allen Fällen die Hälfte des vorgenannten Fährgeldes mehr erlegt.

Schleswig, den 1. Juli 1904. Der Regierungs-Präsident.

Die Fähre »Else« und Tarif der Störfähre Beidenfleth im Jahre 1904 (veröffentlicht im »Amtsblatt der Königlichen Regierung zu Schleswig« vom 16. Juli 1904)

privat betrieben. Seit 1620 ist diese Fährverbindung zwischen Beidenfleth und der Gemeinde Bahrenfleth nachgewiesen. Vermutlich existiert diese Verbindung aber bereits wesentlich länger. Nachtrag: Im Winter macht »Else« Pause.

Wasser fließt »bergauf«

Die Wasser eines Flusses fließen stromabwärts. Logisch. Allerdings nicht immer und überall. Beispiel: die Stör. Die mündet bekanntlich in die Elbe. Diese in die Nordsee. In der Nordsee herrschen Ebbe und Flut. Mit Auswirkung via Elbe bis weit in die Stör hinein. Wie an den durch Ebbe und Flut bedingten unterschiedlichen Wasserständen deutlich zu erkennen ist. Wodurch auch die Fahrstrecke der Fähre Beidenfleth bei voller Ebbe kürzer, bei höchstem Flutstand etwas länger ist. Bei auflaufender Flut fließt das Wasser im Unterlauf der Stör stromauf. *»Ein Wunder«*, staunte ein auf Urlaub weilender Allgäuer. Ein Wunder nicht, wunderbar schon. Im Rhythmus des Gezeiten.

Zur Besichtigung geöffnet

Vor der St. Nicolai-Kirche von Beidenfleth ein Stellschild: *»Kirche zur Besichtigung geöffnet.«* Dieser freundlichen Einladung sollte man folgen. Das Gotteshaus, ein spätromanischer Backsteinbau, überrascht mit einer beeindruckenden Ausstattung. Der bronzene Taufkessel, vermutlich am Glockengießerwall in Hamburg gegossen, verrät seinen Geburtstag am oberen Rand in Spiegelschrift: *»1345 am Tage des Evangelisten Markus«* (25. April). Folglich ist diese Bronzetaufe bereits 656 Jahre alt. Anno 1636,

Der Glockenturm der Kirche in Beidenfleth und ihre Barockkanzel

also mitten im 30jährigen Krieg, stifteten der Gutsverwalter Mathias Nowock und seine Frau Wiebe einen neuen Altar. Er gilt, sagt man in Beidenfleth, als der schönste Dorfkirchen-Altar in Schleswig-Holstein. Besonders prächtig ist die Barockkanzel. Von Claus und Margreth Hasse im Jahre 1704 gestiftet. Wie am Altar, sind auch an der Kanzel die Stifternamen in goldenen Lettern »verewigt«. Und dann sind da noch das Triumphkreuz und die Pieta aus der Zeit um 1500, der schwere Barockleuchter von 1694, der mächtige Armenblock von 1709. Über alle diese und viele weitere Ausstattungsstücke der Beidenflether Kirche informiert ein Merkblatt, das zur kostenfreien Mitnahme am Eingang ausliegt. Da läßt sich dann auch nachlesen, warum der freistehende hölzerne Glockenturm in der Form einer Windmühle ähnlich ist: Valentin Möller aus Itzehoe, der den Turm 1557 errichtete, war Mühlenbaumeister.

Die Bronzefünte von 1636 und die kreuzgeschmückten Maueranker der Beidenflether Kirche

Ankerkreuze

Der hölzerne Glockenturm und die Kirche von Beidenfleth stehen dicht beieinander, aber nicht unmittelbar aneinander. Zwischen Turm und Gotteshaus bleibt ein schmaler Gang, da läßt sich hindurchgehen.

Wer hier, zwischen Turm und Gotteshaus, stehenbleibt, erblickt an der Außenfassade der Kirche Maueranker. Nicht der neuen, glatten, nichtrostenden (und höchst »langweiligen«) Sorte, sondern alt-ehrwürdige, massiv schmiedeeiserne, von Rost gezeichnete Maueranker, mit der Patina langer, längst vergangener Zeiten. Wer genauer hinsieht, entdeckt auf der Spitze dieser Maueranker jeweils ein eingekerbtes, eingeschmiedetes Kreuz. Ein Kreuz – was könnte passender sein für ein Gotteshaus?!

Liebe Beidenflether Kirchenverantwortlichen: Bitte entfernt sie nicht, diese vom Zahn der Zeit »geadelten«, ausdrucksvollen Maueranker mit den Kreuzen!

Margareta

Dies ist die Geschichte einer jungen Frau. Sie war die Tochter eines – wie man sagt – Götzenpriesters in Antiochia. Schon als Mädchen von einer Haussklavin heimlich im christlichen Glauben erzogen, wurde sie bekennende Christin. Der Vater war entsetzt, ließ sie in schlechter Kleidung bei karger Kost hart arbeiten. Um sie so umzustimmen. Vergeblich. Der götzenpriesterische Rabenvater denunzierte daraufhin seine Tochter, inzwischen zur schönen jungen Frau herangewachsen, beim Präfekten. Der war bereit, über den zu jener Zeit in Antiochia unzulässigen christlichen Glauben hinwegzusehen – vorausgesetzt die junge Frau sei ihm zu Willen. Gar heiraten wollte er sie. Die Christin lehnte ab. Die Rache des Präfekten war grausame Folter und finsterste Kellerhaft. Es kam noch schlimmer: In Gestalt eines Drachens stürzte der Teufel zischend auf die geplagte Frau zu. Die blieb furchtlos, schlug das Kreuz und setzte dem Drachen ihren Fuß in den Nacken. Der Teufel war besiegt.

Die Rede ist von Margareta, der später heiliggesprochenen Märtyrerin, gestorben um 307.* Jener Margareta, die Namenspatronin ist von St. Margarethen, dem putzmunteren kleinen Ort an der Elbe. Das goldglänzende Relief von Margareta nebst besiegtem Teufelsdrachen und der Jahreszahl 1784 ist außen über der Kirchentür zu bewundern. 1784 ist das Baujahr dieser Kirche.

Vor Zeiten, ab 1342 urkundlich belegt, hieß der Ort allerdings Vlethe, auch Elredesfleth. Später

taucht dann der Name St. Margarethen auf.
Warum die Namensänderung? Das alte Elredesfleth lag weiter zur Elbe, mußte der zerstörerischen Sturmfluten wegen aufgegeben werden. Der Ort wurde um 1500 ein Stück weiter landeinwärts verlegt und nach der heiligen Margareta benannt. Vielleicht, weil die Einwohner sich schützenden Beistand erhofften, gehört die Dame aus Antiochia doch zu den »Vierzehn Nothelfern«. Vielleicht auch, weil die Heilige doch Patronin unter anderem der Bauern und für die Fruchtbarkeit ist.

* Alle Fakten/Angaben zur heiligen Margareta nach »Immerwährender Heiligenkalender« von Albert Christian Sellner; Eichborn Verlag, 1993.

»Margareta« über der Kirchentür und ein Hausdetail aus St. Margarethen

In Deutschland ganz unten

Man lernt's in der Schule: Die Zugspitze ist der höchste Berg Deutschlands, 2962 Meter hoch. Gut. Aber wo, bitte sehr, ist die tiefste Landstelle der Bundesrepublik? Das lernt man - bedauerlicherweise - nicht in der Schule. Außer wohl die Kinder im Kreise Steinburg, in Heimatkunde. Diese Kinder wissen: Die tiefste Landstelle Deutschlands mit 3,54 Meter unter NN (Normalnull) befindet sich in der Gemeinde Neuendorf. Vom Landesvermessungsamt amtlich vermessen und den Neuendorfern durch das schleswig-holsteinische Innenministerium als tiefster Landpunkt Deutschlands ebenso amtlich bestätigt. Worauf die Neuendorfer Wert legten. Aus gutem Grund. Behauptet doch die Gemeinde Freepsum im Ostfriesischen, bei ihr läge der tiefste Landpunkt der Bundesrepublik. Unverständlich diese Behauptung, meinen die Neuendorfer. Und vermuten, die Freepsumer hätten wohl nach der »ostfriesischen Mathematik« gerechnet. Deren tiefster Landpunkt nämlich liegt nur 2,30 Meter unter NN. Und das ist, nach der Mathematik von Adam Riese, eben 1,24 Meter weniger als 3,54 Meter. Selbst die Vermessungs- und Katasterverwaltung des Landes Niedersachsen (wozu ja dieses Freepsum gehört) hat im Herbst 1989 keine Bedenken gegen die Feststellung erhoben, daß der tiefste Punkt der Bundesrepublik in der Gemeinde Neuendorf bei Wilster, Kreis Steinburg, liegt. Worüber die Neuendorfer froh sind - sicher ist sicher.

Damit die tiefste Landstelle auch von jedermann zu finden ist, wurde diese durch einen wuchtigen Holzpfahl mit handgeschnitztem Schild markiert.
Und so kam es zur tiefsten Lage unter Meeresspiegelniveau: Seit Jahrhunderten wurde und wird die Wilstermarsch entwässert, um das platte Marschenland überhaupt kultivierbar und bewohnbar zu machen und zu erhalten. Durch dieses Entwässern ist der im Untergrund vielfach moorige Boden mehr und mehr, tiefer und tiefer gesackt. Nicht um Zentimeter, sondern zum Teil meterweise. Daher leben die Neuendorfer - und nicht nur sie - sozusagen größtenteils unter dem Meeresspiegel. Gäbe es die Deiche und Sperrwerke nicht, die Wilstermarsch würde selbst bei normalem Meereswasserstand vollaufen. Klartext eines Neuendorfers: *»Hier an der tiefsten Landstelle stünde das Wasser dann 3,54 Meter hoch.«*

An der tiefsten Landstelle Deutschlands

Schleuse und Brücke Kasenort

Wenn ein Schiff den Namen »Pirat« trägt, darf angenommen werden, daß dieses nach Piratenart besonders flink und wendig ist. Vielleicht traf das für die Segelschute »Pirat« auch durchaus zu. Bis zu jenem denkwürdigen Tag im Jahre 1920, an dem besagte Schute »Pirat« die Schleuse Kasenort passieren wollte – und steckenblieb. Derart, daß die Fluttore nicht geschlossen werden konnten und prompt Teile von Wilster überschwemmt wurden. Von der Störung des Schiffsverkehrs von und nach Wilster nicht zu reden.

Die Sache hatte weitere Folgen. Eine neue Schleuse mußte gebaut werden. Das geschah in den Jahren 1925/26. Eine steinerne Schleuse wurde es, nachdem die Vorgängerbauten – mindestens seit dem 15. Jahrhundert nachgewiesen – aus Holz waren. Die Länge der »neuen«, inzwischen bereits 76 Jahre alten Schleusenkammer beträgt stattliche 129 Meter. Schiffe bis zu einer Breite von 6,70 Metern können geschleust werden. Die Hubhöhe wird mit 1,70 Meter angegeben.

Statt Handelsschiffen nutzen heute vor allem Freizeitboote und Ausflugsschiffe die Schleuse Kasenort - hier, wo die Wilster Au in die Stör mündet. Zitat aus einem Info des Fördervereins Wilster Au und Schleuse e.V.: *»Vom Hamburger Hafen per Schiff direkt in die Innenstadt von Wilster - Sie sind herzlich willkommen.«*
Auch für jene, die den Landweg bevorzugen, ist Schleuse Kasenort mit allem Drum und Dran ein ebenso interessanter wie idyllisch-gemütlicher Platz. Einschließlich der kleinen, »fotogenen« Straßenklappbrücke.

Kasenort:
Blick auf das Schleusenbecken (links), die Klappbrücke (oben) und das Schleusentor (rechts)

Wilster – Mittelpunkt der Wilstermarsch

Die Wilsteraner, sagen die Wilsteraner, fühlen sich wohl in ihrer kleinen Stadt. Übrigens eine der ältesten des Landes, bereits 1282 mit Stadtrechten ausgestattet. Die Sache mit dem Wohlfühlen geht in Ordnung. Wilster hat Flair. Eine Mischung aus historisch gewachsenem Ortscharakter, aus Tradition und Gemütlichkeit und aus frisch-fröhlicher Betriebsamkeit. Kurz gesagt: Wilster – wirtschaftlicher und kultureller Mittelpunkt der Wilstermarsch. So war es früher, von Anfang an, so ist es heute. Im optischen Mittelpunkt, auf großem, umgebendem Platz, die Kirche St. Bartholomäus, 1751–1781 nach

Plänen von Sonnin gebaut. An alter Kirchenstätte, die Vorgängerkirche war baufällig geworden. Und auch das sagen die Wilsteraner über ihre Heimatstadt: *»Wenn Sie durch die Straßen schlendern, sehen Sie viele schöne Giebel und altes Fachwerk. Dicht aneinander gedrängt stehen die Häuser in dieser kleinen, reizvollen Stadt und werden liebevoll von ihren Bewohnern gepflegt.«**
Durch die Straßen gebummelt, hierhin und dorthin, und festgestellt: Die Wilsteraner haben recht mit ihrer Stadtbeurteilung.

* Zitat aus der Infoschrift »Wilster. Zwei die zusammengehören – Wilster und die Wilstermarsch.« Herausgeber: Stadt Wilster.

Wilster 1824

»Wilster, Stadt an der Wilsterau, in der davon benannten Wilstermarsch. (...) Viermal wöchentlich geht ein Postbote Briefe und Geld von Itzehoe abzuholen; ausserdem gibt es noch andere Boten nach Brunsbüttel, Wewelsfleth u.s.w. Eine Poststation ist hier nicht. Königliche Zollcontrolle. Die Stadt wird in das Quartier auf der alten (212 Häuser) und auf der neuen (148 Häuser) Seite abgetheilt. Volkszahl 1790, deren Betrieb in Branntweinbrennerei, Bierbrauerei, Kornhandel und Viehzucht besteht. Die Au befördert den Verkehr. 40 größere und kleinere Fahrzeuge, Stadtskähne genannt. Jahrmarkt auf Bartholomäi und folgende Tage. Pferdemarkt Juli 31. Der Magistrat besteht aus einem Bürgermeister und 2 Rathsverwandten, von denen einer zugleich Stadtsekretär ist. 8 Stadtdeputierte. (...)«*

(Aus: »Topographie des Herzogthums Holstein, des Fürstenthums Lübeck, des Gebiets der freien Hansestädte Hamburg und Lübeck, und des Herzogthums Lauenburg« von Joh. Friedr. Aug. Dörfer, Diaconus der Fleckenskirche in Preetz. Vierte Auflage; 1824.)

* Nach dem Apostel Bartholomäus; »sein« Tag: 24. August, z.T. auch 25. August.

Das Amt Wilstermarsch (links) und Details aus Wilster

Renaissance-Rathaus – das zweite

Da haben doch die Bürger von Krempe, drüben auf der anderen Störseite in der Krempermarsch, sich ein nobles Rathaus gebaut. 1570 ward es vollendet.

Das konnten die Leute von Wilster, diesseits der Stör in der Wilstermarsch, offenbar »nicht auf sich sitzen lassen«. Also schritten sie zur Tat, bauten sich ebenfalls ein schönes, reichgeschmücktes, neues Rathaus. Nach geschnitzter Jahreszahl im Schwellbalken des Obergeschosses anno 1585 errichtet.

Details am historischen Rathaus zu Wilster

Beide Rathäuser haben – renoviert und restauriert – die Zeitläufe überstanden. So kommt es, daß diesseits und jenseits der Stör, nur rund 16 Kilometer Luftlinie auseinander, im Kreis Steinburg die beiden wohl schönsten Renaissance-Rathäuser Schleswig-Holsteins stehen. Jenes in Wilster wird heute unter dem Namen »Altes Rathaus« als Museum und Bibliothek genutzt.

Aurora von Rumfleth

Kornwindmühlen tragen Namen. Weil sie stets mehr waren als nur x-beliebige Fabrikationsgebäude. Ohne Kornwindmühle kein Mehl. Ohne Mehl kein Brot. So war das.

Die Windmühle von Wilster-Rumfleth ist benannt nach der römischen Göttin der Morgenröte: Aurora! Ein Name wie liebliche Musik. Und Göttin der Morgenröte - sicherlich die Schönheit in Person. Ein solcher Name verpflichtet. Die Windmühle von Rumfleth wird dieser Bürde gerecht. Sie ist ein Prachtstück. Ein einstökkiger Galerieholländer. Mit steinernem Unterbau, mit dem für Holländermühlen typischen achteckigen Rumpf, mit der umlaufenden, offenen Galerie. Und mit der Windrose, die die Kappe samt Flügelkreuz stets in den Wind dreht. Wenn denn gemahlen wird. Was - wie auf einer Infotafel nachzulesen ist - vereinzelt geschieht. Denn Aurora, liebevoll und mit Sachverstand restauriert, ist betriebsbereit. Gebaut wurde die unter Denkmalschutz stehende Mühle im Jahre 1872, nachdem ihre Vorgängerin an derselben Stelle abgebrannt war.

Besichtigung ist möglich. Termin erfragen/vereinbaren, Telefon 04823-8245, Hansdelf und Anna Martens.

Das Doos'sche Palais, heute Rathaus von Wilster

Die Windmühle »Aurora« in Wilster-Rumfleth

Doos'sches Palais und Bürgermeistergarten

Der Herr Kanzleirat Johann Hinrich Doos in Wilster gehörte - wie man heute zu sagen pflegt - zum Großbürgertum. Was sich nicht zuletzt aus der entsprechenden pekuniären Befindlichkeit ergab. Im Klartext: Großbürger waren wohlhabend, hatten wohlhabend zu sein. Natürlich nahmen sie gehobene gesellschaftliche Stellungen ein, genossen entsprechendes Ansehen. Eine gehörige Portion Reichtum war dafür ja nicht schädlich. Im Gegenteil. Die Dinge gehörten zusammen, bedingten sich.

Also, der Herr Kanzleirat Doos war ganz offenbar ausgezeichnet bei Kasse. So konnte er sich in den Jahren 1775/1776 (1785*) ein neues Haus leisten. Ein auf Granitquadern gründender, stattlicher Backsteinbau wurde es. Mit den Grundmaßen 15,20 Meter mal 19,00 Meter. Zweistöckig plus komplett ausgebautem Dachgeschoß. Mit sieben Fensterachsen. Mit je einer Freitreppe zur Straßen- und zur Gartenseite. Die Raumhöhe im Erd- und im Obergeschoß beträgt beachtliche 3,80 Meter, selbst im Dachgeschoß noch 3,50 Meter. Folglich kein schlichtes Einfamilienhaus

* In der »Kunst-Topographie Schleswig-Holstein« (Karl Wachholtz Verlag Neumünster) und im »Handbuch der Deutschen Kunstdenkmäler« (Dehio; Deutscher Kunstverlag) wird als Baujahr 1785 bzw. um 1785 genannt. Das Merkblatt »Besichtigungen und Führungen in Wilster« - übermittelt von der Stadtverwaltung Wilster - nennt als Bauzeit des Doos'schen Palais 1775/76.

aktueller Größenordnung, sondern ein repräsentativer Bau, heute zumeist als Doos'sches Palais bezeichnet.
Nebengebäude gehörten dazu, wie hölzernes Sommerhaus, Remise, Stall, Badehäuschen. Und ein großer Garten, vornehmlich im französischen Stil angelegt. Den Garten ließ Kanzleirat Doos zusätzlich mit Marmorfiguren schmücken, die er vermutlich aus einem Schloßinventar erworben hatte.

Im Bürgermeistergarten

Die Nebengebäude sind verschwunden, das Palais blieb erhalten. Es wird als Rathaus der Stadt Wilster genutzt. Entsprechend dem Vermächtnis der Louise Charlotte Dorothea Christiana Doos, Witwe des vorgenannten Kanzleirates.

In der zugehörigen, jetzt zumeist Bürgermeistergarten genannten Grünanlage stehen, wie zu Zeiten des Kanzleirates Doos, die mythologisch-allegorischen Marmorfiguren. Und vermitteln den Eindruck gehobener gartengestalterischer Noblesse. So etwas wie Sanssouci – im Kleinformat. Der Bürgermeistergarten ist frei zugänglich.

Frau Doos – seligen Angedenkens – hat das Palais der Stadt Wilster vererbt. Mit der Bestimmung, es solle vom Bürgermeister, von der Ratsversammlung und von der Kämmerei genutzt werden. Das geschieht.

Höchst notwendige Schlußbemerkung

Der Autor – ein Kieler – ist zu allen Jahreszeiten durch den Kreis Steinburg gewandert und gefahren, hat oft auch »Station gemacht«. Er hat notiert und fotografiert, was ihm typisch erschien für Land und Leute, heute und gestern. Dazu gehören nicht nur touristische »Highlights«, sondern auch die »kleinen Dinge am Rande«. So hat sich – hoffentlich – ein informativ-unterhaltsames Kaleidoskop über diese vielfältige, schöne Region zusammengefügt.

Allerdings war Vollständigkeit weder möglich noch beabsichtigt. Problemlos könnten in gleicher Form weitere Bände über den Kreis Steinburg gestaltet werden – ohne sich zu wiederholen. Verlag und Autor bitten deshalb um Verständnis, wenn in diesem Buch (zwangsläufig) »etwas fehlt«.

ANHANG

Orts- und Sachregister

Vom gleichen Autor lieferbar:

ISBN 3-86108-470-8

ISBN 3-86108-465-1

ISBN 3-86108-462-7

ISBN 3-86108-482-1

ISBN 3-86108-475-9

ISBN 3-86108-492-9

ISBN 3-86108-467-8

ISBN 3-86108-481-3

ISBN 3-86108-463-5

ISBN 3-86108-493-7

ISBN 3-86108-498-8

ISBN 3-86108-900-9

In Vorbereitung: Kreis Plön

Alle Bände in Hardcover, Fadenheftung, durchgängig vierfarbig, ca. 192 Seiten, 20.90 €

B 431
B 5
Dithmarschen
Nord-Ostsee
Kuder
B 5
Brunsbüttel
St. M
Elbe
L
Keh
N
0
5
10 km
Kreis Steinburg
NIEDERSACHSE